성령님 사랑해요

김상복 목사

신교횃불

"
날마다 성령님과 동행하는
생활 속에서 성령님의 풍성한
열매를 맺기를 기도하며 주 안에서
사랑하는 _____님께
이 책을 드립니다.
"

머리말

당신은 성령님과 얼마나 친하십니까? 그분에 대해서 어느 정도 알고 계십니까? 대부분의 경우 평신도들은 "성령충만"이나 두어 가지 "성령의 은사"에 대해서 들어 보았을 뿐 성령에 대해서 아는 것이 극히 부분적입니다. 세계교회는 금세기에 들어서면서 성령에 대한 관심이 대단히 높아졌습니다. 신교, 구교 할것 없이 성령 운동이 활발하게 일어났고 성령 운동과 함께 교회갱신 운동이 일어나면서 특히 60년대 이후 부쩍 더 성령에 대한 흥미가 커졌습니다. 한편 생동감 있는 교회가 생기게 되는 좋은 계기가 되기도 했고 또 한편에서는 성령의 이름으로 온갖 불미스러운 일도 많이 있었고 사회에 물의를 일으키기도 했습니다. 이런 때에 누구든지 성령에 대한 포괄적인 성경의 가르침을 모르고 순전히 개인의 경험에만 의존하는 것은 때로는 위험한 일입니다. 성령인지 악령인지 구별하기도 어려운 일들이 많이 일어나고 있기 때문입니다. 그래서 성경에서는 "영을 분별하라"고 합니다(요일 4 : 1).

예수님은 이 세상을 떠나시면서 예수님 대신 성령을 보내 주시겠다고 약속하셨습니다. 성령을 "또 다른 보혜사"라고 부르셨는데 쉽게 말하면 성령님은 예수님과 똑같은 분이신대 예수님처럼 육체를 가지신 분이 아니고 영이신 또 다른 형태의 예수님이라 해도 과언이 아닐 것입니다. 예수님은 이땅에 계실 때 육체를 입고 오셨기 때문에 한번에 한곳 밖에 계시지 못하셨습니다. 그러나 예수님과 꼭 같으신 분이 영으로 오셨기 때문에 어디서 누구라도 함께 계실 수 있어서 모든 하나님의 자녀를 골고루 도와 주시는 분입니다. 그래서 "내가 떠나는 것이 너희에게 더 유익하니라"라고 예수님은 말씀하셨습니다(요 16 : 7).

성령님은 우리가 예수를 믿는 그 순간 우리 마음에 오셔서 영원히 우리와 함께 계시는 분입니다. 그래서 우리 몸을 성령의 전이라 합니다(고전 3 : 16). 우리 마음의 집에 주인으로 임재해 계시는 분에 대해서 잘 알아야 할 것은 말할 필요가 없는데 사실 우리가 그 분을 잘 알고 있지 못합니다. 우리가 어떤 도움이 필요하면 도와 주실 수 있는 분이 하나님의 영이십니다. 영적으로 성숙해지는 것이나 행하는 모든 일은 성령께서 하십니다. 기독교인은 누구든지 최소한 한번은 성령님에 대해 말씀으로 철저히 배워야 할 특권이 있고 또 의무가 있습니다. 그래서 성경이 말해주는 정확한 성령론에 근거하여 내 안에 계신 성령님과 참된 영적인 생활을 해나갈 수 있기 바랍니다. 지식적으로만이 아니라 인격적으로 더 가까이 말입니다.

본서의 내용은 「평신도 목회 연구원」에서 성령님에 대해서 확실히 알기를 원하는 평신도들과 함께 공부한 내용입니다. 이 책은 평신도들을 위해 쓴 책입니다. 그러면서도 목회자들이 성도들에게 성령에 대해 교육하는데 도움이 되도록 썼습니다. 이 책은 성령에 대한 평신도 교과서가 될 수 있도록 노력해 보았습니다. 성령에 대해서 자세히 알고 싶었지만 누구에게 물어 볼 수 없었던 모든 내용들이 들어 있습니다. 성경에서 가르치는 것은 거의 다 포함되어 있습니다. 누구나 한번은 읽고 성령님과 친하게 되어 그분과 함께 일생을 사시는 축복된 신앙생활이 되기를 바랍니다.

성령님과 더 가까워지기를 바라면서.

양재동 우면산에서

차 례

머 리 말 ·· 5
서   론 ·· 9
제 1 장 성령의 이름 ··· 13
제 2 장 성령의 상징과 모형 ··· 27
제 3 장 성령의 품성 ··· 37
제 4 장 성령께서 하시는 일들 ····································· 47
제 5 장 성령의 신성 ··· 61
제 6 장 창조와 관련된 사역 ··· 75
제 7 장 예수님과 관련된 사역 ····································· 89
제 8 장 교회와 관련된 사역 ······································· 103
제 9 장 기독교인과 관련된 사역 ······························· 119
제10장 성령님께 범할 수 있는 죄 ····························· 145

서 론

성령론을 공부하기에 앞서, 우리가 배우고자 하는 것이 무엇인지를 먼저 확인해볼 필요가 있습니다. 배울 내용에 대해 미리 개괄적으로 살펴보면서 지금부터 공부하려는 '성령론'의 개념과, 성령론을 공부해야 하는 이유를 알아보는 일은 중요합니다.

왜냐하면 하나의 개념을 알아보는 일은 우리에게 그것에 대한 정의를 명확하게 해줄 뿐만 아니라, 공부의 방향과 방법 등을 알려주는 좋은 길잡이가 되기 때문입니다.

성경에 있는 어느 특정한 주제에 대해서 성경의 가르침을 종합, 비교, 분석, 조직하는 학문을 조직신학이라 부릅니다. 또, 하나의 특정 구절이나 주제에 대한 해석이 아니라, 하나의 주제가 성경에서 어떻게 발전하여 왔는가를 살펴보는 학문을 성경신학이라고 부릅니다. 다시 말해서, 어떤 주제를 성경 말씀을 통해서 살펴보거나 여러 신학자들의 견해를 종합해서 연구하는 일을 우리는 '신학'이라고 부를 수 있습니다.

신학에는 성서론, 신론, 기독론, 인간론, 죄론, 구원론, 교회론, 종말론 등 여러가지의 분야가 있습니다. 신론은 하나님에 대해 성경과 신학자들의 견해를 연구하는 것이고, 기독론은 예수 그리스도에 대한 것입니다. 그러므로 '성령론'이라고 부를 때 그것은 당연히 성령에 대한 성경 말씀과 신학자들의 견해를 연구하는 일을 말합니다.

성령론에 대해 살펴볼 때에 먼저 여러 신학자들과 철학자들의 해석과 견해를 살펴볼 수도 있습니다. 그러나 신학자들이나 성령체험을 했다고 주장하는 이들의 말에 귀기울이기보다는 먼저 성경 자체가 무엇이라고 말하고 있는지 세밀하게 귀를 기울이는 일이 더욱 중요하다고 저는 생각합니다.

그러므로 저는 성령론을 다룸에 있어서 어떤 신학자가 무슨 이야기를 했는가보다는 성경 자체가 성령에 대해 무엇이라고 말씀하는가에 초점을 맞출 것입니다. 성령에 대해서는 성경에서 가장 잘 배워 알 수 있기 때문입니다.

그러나 우리 자신이 성령으로 충만해서 순간순간마다 성령 안에서 살고 있지 않으면 성령에 대한 우리의 지식은 아무것도 아닙니다. 우리는 성령론에 대해서 신학적인 극심한 논쟁을 벌일 수도 있습니다. 그러나 성경에서 배우고자 하는 것은 어떤 이론이나 학문적인 논쟁을 위한 것이 아니라, 성령을 좀더 잘 이해함으로써 성령 충만한 삶을 사는 데 그 목적이 있습니다.

기독교의 목적은 교리 자체가 아니고, 기독교적 삶입니다. 성령님의 조명하심으로 신앙이 견고해지고, 날마다 성령의 충만함으로 변화를 받아 성령이 인도하시는 삶을 사는 것이 그리스도인에게는 삶의 최고 목적입니다. **성령에 대해 많이 아는 것이 중요한 것이 아니라 성령의 가르침을 어떻게 우리의 삶에 적용하는가가 가장 중요합니다.**

20세기는 신구교를 막론하고 오순절운동 때문에 성령론이 대단히 중요한 시대입니다. 20세기에 와서 세 가지가 중요한 신학적 관심으로 떠올랐습니다. 특히 20세기의 온갖 위기적 현상들 중에 종말을 예시해주는 듯한 현상들이 많이 있어서 종말론이 중요한 신학적 관심거리로 떠올랐습니다. 여기에다 성서론을 더해, 성령론 종말론 성서론 이 세 가지가 20세기에 신학적인 큰 관심의 대상입니다.

성서론이 여기에 덧붙여진 이유는 20세기에 들어와서 성경이 하나님의 성령으로 영감된 하나님의 말씀이란 사실을 부인하는 일이 많이 일어났기 때문입니다. 성경이 단지 인간의 신앙적인 체험을 기록한 책에 불과하다는 것입니다. 심지어는 목사나 신학자들 중에도 그렇게 생각하는 사람들이 많습니다. 그래서 20세기에 성령론, 종말론, 성서론 이 세 가지가 가장 큰 이슈로 떠오른 것입니다.

　기독교의 역사를 살펴보면, 시대마다 중요한 이슈들이 있어 왔습니다. 예를 들어서 마르틴 루터의 종교개혁 때는 구원론이 아주 중요한 때였습니다. 요한 웨슬리의 대각성운동 때는 전도와 관련하여 구원론이 부각되었고, 18세기말에서 19세기 중엽에는 제3세계로의 선교열풍이 불어 선교론이 아주 중요한 시대였습니다.
　그보다 앞서, 4세기에는 기독론이 중요한 이슈였습니다. 예수님이 하나님이냐 아니냐, 창조된 분이냐 본래부터 하나님이냐, 예수님의 신성과 인성에 대한 논쟁이 많았습니다. 이렇게 시대마다 그 시대의 중요한 이슈들이 있어 왔고 거기에 따라서 신학이 발전되어 왔습니다.
　20세기는 성령에 대한 오해가 분분한 시대이기 때문에, 성령에 대한 가르침이 뭔지를 성경에서 종합적으로 확실하게 살펴볼 필요가 있는 것입니다. 우리들 스스로가 말씀에 근거해서 성령론의 전반적인 내용을 성경적으로 알고 있으면 누가 우리를 잘못된 성령론으로 끌고 가려고 해도 쉽게 끌려다니지 않습니다. 오히려 하나님의 계시의 범위 안에서 우리는 지속적으로 성령의 인도하심에 끌려가게 됩니다.

　성령에 대한 지식은 다른 어떤 것보다도 성경을 통해 배워야 합니다. 그러나 이 지식도 우리가 성령 충만하지 아니하고 순간순간마다 성령 안에서 살지 않으면 아무런 소용이 없는 지식입니다. 그러므로 우리는 성령론을 연구함에 있어서, 먼저 우리의 몸과 마음과 영혼, 우리의 전 인격

모두를 완전히 성령님의 지배하에 살도록 해야 합니다. 성령의 열매가 우리의 생각과 감정과 말과 태도와 행동 속에 풍성하여 질 때 비로소 우리의 지식도 완전하여지기 때문입니다.

제 1 장

성령의 이름

그러면 지금부터는 본론에 들어가 성경 말씀을 통해 성령님에 대해 살펴보도록 하겠습니다. 우리가 누군가를 알기 위해서, 또는 나를 상대방에게 알리기 위해서 사용하는 방법은 그 사람의 이름을 아는 일입니다.

전화를 걸거나 어떤 사람을 처음 만났을 때 저는 늘 "김상복 목사입니다"라고 인사를 합니다. 그러면 여러분은 제가 누구인가를 알게 됩니다. 제가 만약 "김상복 박사입니다"라고 한다면 여러분은 저를 할렐루야교회 담임목사로보다는 아세아연합신학대학 교수로 먼저 생각하실 수도 있을 것입니다.

이렇게 이름이라는 것은 누군가의 신분을 나타냅니다. 신분뿐만이 아니라 속성, 성격, 특징, 나아가 그 사람 자신을 가리키는 것이 바로 이름입니다.

그러므로 지금부터 우리는 성령님께서 어떤 이름을 가지고 계시는지를 살펴보도록 하겠습니다. 성령님의 이름을 통하여 그분의 신분과 속성을 알아보고 그 이름들이 어떻게 사용되었는지도 살펴보도록 하겠습니다.

성경에 나타난 성령의 이름

첫째, '하나님의 신'(창 1:2)입니다.

성령님에 대한 이름은 성경에 여러가지로 다양하게 기록되어 있습니다. 그중에 성령님에 대해 맨처음 기록하고 있는 성경은 창세기 1장 2절의 '하나님의 신'입니다.

"땅이 혼돈하고 공허하며 흑암이 깊음 위에 있고 **하나님의 신은 수면에 운행하시니라.**"

'하나님의 신'이라는 성령님의 이름에서 강조하고자 하는 것은 무엇입니까? 영어로 'The Spirit of God'가 우리에게 말해주고자 하는 것은 무엇입니까? 그것은 성령이 '하나님에게 속한 영', '하나님으로부터 오는 영'이라는 것입니다. 다시 말해서 출처, 근원을 말해주는 것입니다. 그러나 우리는 이 말을 좀더 살펴볼 필요가 있습니다.

'하나님의 신'에서 '의'라는 말은 영어로 'The Spirit of God'의 'of'입니다. 우리는 보통 of를 소유격이라고 부릅니다. 그러나 영어로 'The city of Washington'이라고 할 때 우리는 이것을 '워싱턴의 시다/워싱턴에 속한 시다' 이렇게 말하지는 않습니다. 이때의 of는 소유격이 아니고 동격입니다. 다시 말하면 The city가 워싱턴이고 워싱턴이 The city라는 것입니다. 이런 것을 보고서 영어에서는 동격 전치사라고 합니다. '워싱턴의 도시'가 아니라 '워싱턴이라는 도시'란 뜻입니다. 시 이름이 워싱턴인 것입니다.

이렇게 볼 때, 'The Spirit of God'는 '하나님에게 속한 영이다'라고 말할 수도 있지만 더 정확한 의미는 '그 영이 바로 하나님이다'란 것입니다. 그 영 자체가 하나님이라는 것입니다. 동격으로 보는 것이 더 정확한 해석입니다.

또 "하나님의 신은 수면에 운행하시니라"라고 창세기 1장 2절은 기록하고 있습니다. 이것은 '하나님이신 영이 그 물 위에 움직이고 계시더라'라고 다시 풀이해 볼 수 있습니다. '운행하시니라'는 말은 영어로 '에너지(energize)로 움직이시니라'로 해석해 볼 수도 있습니다.

모든 우주에는 파장이 있습니다. 물 위에다가 에너지를 공급하면 파장이 생깁니다. 빛도 파장(light wave)입니다. 열도 마찬가지입니다. 열도 파장입니다. 파장을 다시 말하면 에너지입니다. 우주의 전체가 에너지에 의해서 생성되고 새로운 생명이 나타나기도 하고 변하기도 합니다.

그러면 그 에너지의 근원(source)이 무엇입니까? 바로 성령님입니다.

"하나님의 신은 수면에 운행하시니라."

성령이 모든 에너지의 근본인 것입니다. 성령님의 힘이 모든 에너지의 근본입니다.

이때 energize 또는 move, '움직이다'라는 이 단어는 신명기에 보면 독수리가 자기 새끼를 낳아 놓고는 그 위에서 빙빙 돌면서 그 새끼를 보호하는 것을 표현할 때 사용된 단어와 똑같은 단어(hovering over)입니다. 독수리가 자기 새끼 위에서 빙빙 돌면서 보호하고 지키는 그런 내용에 이 '운행한다'라는 단어가 사용되었습니다. 성령님은 에너지를 공급하십니다.

이것이 성령님께서 하신 첫번째 일입니다. 만물 위에 움직이시면서 에너지를 공급하시는 것입니다. 지금도 마찬가지입니다. 우리가 성령님을 의지하면 성령님께서는 우리 위에 움직이시면서 에너지를 더하여 주십니다.

둘째, '은혜의 영'(슥 12:10)입니다.

두번째로 살펴볼 성령님의 이름은 '은혜의 영'(Spirit of grace)입니다. 여기서 강조하는 것은 은혜입니다. 나에게 값없이 베풀어 주시는 친절, 무조건적이고 값없는 친절과 호의를 보고 은혜라고 합니다. 즉 은혜의 영이란 '하나님의 성령은 은혜로우신 분이다'라는 뜻입니다.

그러나 우리는 이 은혜라는 말을 잘못된 의미로 많이 사용하고 있습니다. 제가 설교를 마치고 나가면 "목사님, 저 오늘 은혜를 많이 받았습니다"라고 이야기를 많이 하는데, 그때 은혜를 많이 받았다는 말과 본래 성경의 은혜라는 말과는 뜻이 다릅니다. 은혜라는 말을 "아 그분 기도가 참 은혜로웠습니다. 오늘 찬송은 어떻게 은혜롭게 잘하는지, 그 분은 얼굴만 봐도 은혜가 있어" 이렇게 성경에서 말하는 은혜라고 말하는 단어하고는 전혀 다른 뜻으로 쓰기 때문에 은혜라는 말에 대해서 많이 혼돈을 하고 있습니다.

성경에서는 그런 뜻이 아닙니다. 성경에서의 뜻은 간단합니다. 성경에서는 값없이 주는 친절, 값없이 주는 호의…. 이런 것들을 은혜라고 합니다. 그러니까 '은혜의 영'이란, 성령님께서는 우리에게 아무 조건도 내세우지 아니하고 당신의 사랑과 당신의 그 호의를 우리에게 베풀어주시는 그런 역할을 하시는 분이란 말입니다.

'그 찬송이 은혜로웠다, 설교가 은혜로웠다, 기도가 은혜롭다' 할 때 그 은혜라는 것은 영어로 말하면 '감동적(moved)이다' 라는 뜻입니다. '감동적인 설교였다. 감동적인 기도였다'라는 말이 좀 더 정확한 뜻일 것입니다.

그러나 성경에서는 그런 뜻이 아니라 내 쪽에서는 아무 대가도 지불하지 않고 아무 노력도 없는데 하나님 쪽에서 일방적으로 나에게 좋은 선물, 좋은 친절을 베푸는 것을 은혜라고 하는 것입니다.

그런 의미에서 여기에서 말하는 은혜의 영이란, 우리를 돌봐주기를 좋아하시고, 친절 베풀기를 좋아하시고, 힘주시기 좋아하고, 지혜주시기 좋아하고, 평화주시기 좋아하고, 우리에게 도움이 될 것을 무조건 주시는 분이 성령님이란 말입니다.

셋째, '진리의 영'(요 14:17)입니다.

성령님은 또한 진리의 영입니다. 요한복음 14장 17절에는 이렇게 말씀하고 있습니다.

"저는 진리의 영이라 세상은 능히 저를 받지 못하나니 이는 저를 보지도 못하고 알지도 못함이라 그러나 너희는 그를 아나니 저는 너희와 함께 거하심이요 또 너희 속에 계시겠음이라."

진리의 영이 오시면 우리에게 모든 것을 가르쳐 주십니다. 사실, 성경을 그냥 문자적으로 읽을 수는 있습니다. 그러나 이 문자적인 지식만 가지고는 성경을 알았다 할 수 없습니다. 문자적으로 기록된 진리를 머리로 깨달은 것이 마음으로 와 닿아서 그것이 내 안에 확신이 되거나 내 삶의 태도가 되어야 제대로 깨달은 기독교의 진리라고 할 수 있습니다.

세속적인 교육(Secular education)과 기독교적인 교육(Christian education)에는 차이가 있습니다. 세속적인 교육은 단순히 정보를 제공해 주는 것입니다. 세속적인 교육은 내용을 가르쳐 주면 되는 것이지만, 기독교의 교육은 삶의 변화를 일으키는 것입니다. 변화를 일으키는 교육은 기독교 교육이고, 정보를 제공하는 것은 세속적인 세상의 교육입니다.

그러므로 성령에 대해서 정보만을 제공하는 것이 아니라, 정보를 받아들임으로써 그것 때문에 내가 변화되고 성숙해지고 예수를 닮아가고, 어제와 오늘이 다른 사람이 되어가는 그런 과정이 바로 기독교의 교육입니다. 열두 제자의 이름, 열두 지파의 이름을 줄줄 외는 것이 기독교 교육이 아니라, "네게 죄 지은 자를 용서하라"는 말씀에 분노를 삼키고 용서하는 것이 기독교 교육입니다. 인간으로서는 불가능한 그것을 가능하게 하는 분이 바로 성령님입니다.

그래서 성령님을 진리의 영이라 부릅니다. 진리가 어디서부터 옵니까? 성령에서부터 오는 것입니다. 모든 진리는 성령에서부터 옵니다. 진리를 가르쳐 주시는 분이 성령님이기 때문에 성령님을 의존하지 않고는 진리를 배워도 지식에 불과할 뿐입니다. 성령님의 조명하심없이 지식을 영적으로 소화할 수는 없기 때문입니다.

그래서 우리들은 성경공부를 할 때 꼭 "오늘도 성령님께서 우리를 깨닫게 도와 주옵소서" 기도를 하는 것입니다. 성경을 깨달아서 그것이 우리 몸에 피가 되고 살이 되어서 자연스럽게 우리 부분의 하나가 되듯이 우리 속에 소화되어 있는 상태, 그것은 진리의 영이신 성령님께서만 하실 수 있는 일입니다.

네째, '성결의 영'(롬 1:4)입니다.

성령님은 또한 거룩한 영이십니다. 거룩한 영, 또는 성별된 영이라는 뜻입니다. 로마서 1장 4절을 살펴보겠습니다.

> "성결의 영으로는 죽은 가운데서 부활하여 능력으로 하나님의 아들로 인정되셨으니 곧 우리 주 예수 그리스도시니라."

이 말씀에서 성령님을 '성결의 영'으로 부르고 있습니다. 영어로는 The Spirit of holiness입니다. 다른 말로는 '거룩의 영'이라고도 할 수 있습니다.

구약에서는 하나님의 백성들이 성결케 되기 위해서는 어린 양을 희생 제물로 드리는 것을 볼 수 있습니다. 신약에 와서는 어린 양이신 그리스도의 보혈의 피로 모든 믿는 자들의 죄가 사함받고 성결케 되었습니다. 지금도 마찬가지입니다. 성도들을 성결하게 하는 것은 우리를 위하여 십자가에서 피를 흘리신 그리스도의 영(롬 8 : 9)이신 성령입니다. **우리를 날마다의 삶 가운데 죄악으로부터 지키시고 거룩하게 하시는 분은 성결의 영이신 성령님입니다.**

만약 매일의 삶에서 죄악으로부터 성결하게 되기를 원한다면 우리는 성결케 하시는 영이신 성령님께 의지해야 합니다. 우리가 성령님을 의지할 때, 성령님은 우리를 성결하게 지키시고 세상 가운데에서 거룩한 백성으로 구별하여 주시는 것입니다.

다섯째, '생명의 영'(롬 8 : 2), '그리스도의 영'(롬 8 : 9)입니다.

성령님은 생명의 영입니다. "그리스도 예수 안에 있는 **생명의 성령의** 법이 죄와 사망의 법에서 너를 해방하였음이라"고 로마서 8장 2절에서는 말씀하고 있습니다. 모든 생명은 성령님께서 오셔서, 우리 가운데 임하실 때 생기는 것입니다. 생명의 영이신 성령께서 오시기 전에는 죄와 사망 가운데서 죽을 수 밖에 없는 우리들이었습니다.

또 성령님은 그리스도의 영입니다. 로마서 8장 9절을 봅시다.

"만일 너희 속에 하나님의 영이 거하시면 너희가 육신에 있지 아니하고 영에 있나니 누구든지 **그리스도의 영**이 없으면 그리스도의 사람이 아니라."

성령님은 그리스도께 속한 영입니다. 우리는 우리 자신을 그리스도인이라 부르는데, 만약 우리에게 그리스도의 영이 없다면 우리는 그리스도의 사람이 아닙니다. 그리스도인의 생명은 생명의 영, 그리스도의 영이신 성령님에게 있습니다. 생명의 성령이 없는 사람은 그리스도인이 아닙니다. 그리스도의 영이 없는 사람은 그리스도의 사람이 아닙니다.

여섯째, '양자의 영'(롬 8:15)입니다.

성령님은 또 양자의 영입니다. 여러분과 저를 양자로 삼아 주시는 분이 바로 성령님입니다.

"너희는 다시 무서워하는 종의 영을 받지 아니하고 **양자의 영**을 받았으므로 아바 아버지라 부르짖느니라"(롬 8:15).

우리는 종종 '거듭난다'는 말을 합니다. 거듭난다는 이야기를 할 때 "너희가 물과 성령으로 거듭나지 않으면 하나님 나라에 들어갈 수 없다"(요 3:5)는 말씀을 떠올리게 됩니다. 하나님 나라에 들어가기 위해서는 성령으로 거듭나야 되는데 거듭남은 바로 성령님을 통해서 이루어집니다.

우리들이 예수 그리스도를 구주라고 고백을 하면 우리는 성령으로 거듭 태어난 사람들입니다. 성경에 말하기를 "성령으로 말미암지 않고는 아무도 그리스도를 주라 시인할 수 없다"고 했습니다. 그래서 우리들이 구원을 받았는지 거듭났는지는 한 가지만 물어보면 됩니다. "여러분은 예수 그리스도를 여러분의 구주로 고백하십니까?" 물었을 때 "아멘"으로 대답하는 사람은 거듭난 사람입니다.

그런데 어떤 사람은 "아멘"을 하지 못합니다. 저는 "하나님은 창조주다, 우주의 근원이다." 이런 말은 하지만 하나님을 정작 "아버지"라고 부르지 못하는 사람들을 보았습니다. 미국의 신학자들 중에도 가만히 보면 하나님을 아버지라고 부르지 못하는 사람들이 있습니다. 거듭 태어나지를 않았으니까 아버지인 줄 알아보지 못하는 것입니다.

하나님의 영은 우리 가운데 오셔서 우리를 거듭나게 해주십니다. 그런데 언제 거듭납니까? 우리가 예수 그리스도를 우리의 구주라고 마음 속으로 받아들이고, 입으로 고백하는 그 순간, 하나님께서 기적적으로 초자연적으로 우리의 영혼 속에 영원한 하나님의 생명을 집어넣어 주십니다.

하나님의 생명은 만져지지 않습니다. 꺼내서 확인해볼 수도 없습니다. 하나님의 생명은 눈에 보이지 않습니다. 보이지 않는 생명에 감격해서 어떤 사람들은 울기도 합니다. 그러나 반드시 감격해서 울어야 거듭난 것인가? 그렇지 않습니다. 어떤 사람들은 웃으면서 예수 믿는 것을 보았습니다.

그런데 우리는 울어야 거듭난 줄 압니다. 그러나 울면서 몸부림치고 감격해보지 않았더라도 **우리가 예수님을 우리의 구주로 고백하고 마음 속으로 믿으면 우리는 거듭난 사람입니다. 왜냐하면 성령께서 우리에게 생명을 집어넣어 주셨기 때문입니다.** 그것은 하나님의 영, 생명의 영, 그리스도의 영이신 성령께서 우리에게 양자의 영을 주셨기 때문입니다. 우리를 양자로 삼아 주셨기 때문입니다.

일곱째, '**영광의 영**'(벧전 4:14), '**예언의 영**'(계 19:10), '**영원한 성령**'(히 9:14)입니다.

성령님은 영광의 영입니다. 베드로전서 4장 14절에 "**영광의 영** 곧 하나님의 영이 너희 위에 계심이라"고 말씀하고 있습니다. 성령님은 영광스러운 영이라는 것입니다.

또한 성령님은 예언의 영, 대언의 영이기도 합니다. 모든 예언은 성령께서 주시는 것입니다. 예언이란 성령께서 들려주시는 말씀을 대언하는 것입니다. 요한계시록 19장 10절에 "예수의 증거는 **대언의 영이라**"고 말씀하고 있습니다.

성령님의 또다른 이름은 거룩한 영(Holy Spirit)입니다. 히브리서 9장 14절에는 성령님을 '영원한 성령'이라고 부르고 있습니다.

"하물며 **영원하신 성령**으로 말미암아 흠없는 자기를 하나님께 드린 그리스도의 피가 어찌 너희 양심으로 죽은 행실에서 깨끗하게 하고 살아계신 하나님을 섬기게 못하겠느뇨."

여덟째, '보혜사'(요 14:16, 26)입니다.

보혜사라는 단어는 영어로 Comforter입니다. 이것을 우리말로 옮길 때 보혜사(保惠師)라고 한 것입니다. '保'자는 보호한다는 보 자, '惠'는 은혜라는 혜 자입니다. 쉽게 말하면 협조자, 즉 도와주는 분이라는 뜻입니다. 이 단어의 헬라어는 '파라클레토스'라는 단어인데, 이 단어는 쉽게 말하면 변호사라는 단어와 똑같습니다.

변호사는 우리가 법정에 나갈 때, 법도 잘 모르고 어떻게 변호할 줄 모르는 우리 옆에 앉아서 모든 것을 대신해서 도와주는 사람입니다. 그분이 바로 '보혜사'입니다. 성령님은 옆에 서서 우리를 도와 주시는 분입니다.

성령으로 거듭난 사람은 어디를 가더라도 언제나 성령님께서 함께 거하시기 때문에 혼자 다니는 법이 없습니다. 우리가 보기에는 혼자서 어디를 간 것 같아도, 사실은 혼자 간 게 아닙니다.

우리가 연약하고, 힘이 없고, 지혜가 없어서 못하는 것을 해낼 수 있는 분이 우리와 항상 함께 다니십니다. 그래서 우리는 늘 성령님과 같이 있으니까 그 분에게 모든 것을 부탁하면 됩니다. "하나님 이 둘 중에 어떻게 결정을 해야 될지 모르겠습니다. 나에게 지시해 주옵소서." 그럴 때에 우리에게 지시해 주시는 분이 성령님입니다.

그래서 저도 언제나 기도를 많이 합니다. 심방갈 때도 기도를 하고, 심방가서 교우들의 대화를 가만히 들으면서도 성령님께 기도를 합니다. "이분에겐 어떤 말씀이 성령님께서 주시고자 하시는 말씀입니까?"를 물어보는 것입니다. 그러면 이야기를 듣는 사이에 하나님의 성령께서 '이 사람에게는 이러이러한 몇장 몇절의 말씀이 제일 적합하다'는 것을 기억나게 해주십니다. 그러면 대화가 다 끝나고 성경을 펼쳐서 그 말씀을 그분에게 들려 드립니다.

이 보혜사 성령은 늘 우리의 옆에 계시면서 언제든지 돕는 분입니다. 그래서 예수를 믿는 사람은 똑똑해야 될 필요가 없습니다. 똑똑하다고 자기 자신를 믿고 의지하기보다는 나의 어리석음을 인정하고 성령님을 의지하는 사람이 오히려 하나님께는 지혜로운 사람입니다. 왜냐하면 지혜의 영이 우리 안에 있기 때문입니다.

그래서 저는 어떤 일에 지혜가 없으면 "주님, 제가 지혜가 필요합니다"라고 기도를 합니다. 그러면 성령님께서 필요할 때에 지혜를 주십니다. 저는 제 기도 가운데 "하나님이여 오늘도 하루에 필요한 지혜를 허락하여 주시옵소서"라고 간구합니다. 어떤 중요한 일을 당하거나 무엇을 결정해야 되거나, 생각이 분명하지 않으면 꼭 하는 기도입니다.

우리가 지혜를 간구하면 하나님은 우리에게 지혜를 주십니다. 우리 속에 하나님이 주신 지혜의 영이 있기 때문입니다. 어떤 때는 기운이 없으면 "기운을 주시옵소서" 기도합니다. 그러면 능력의 영이신 성령께서 힘을 다하여 주십니다. 우리는 하지 못하는 일을 하나님은 능히 하시는 분입니다.

예수님도 기도를 할 때 일용할 양식을 구하라고 하셨습니다. 구할 때 하나님은 주십니다. 보혜사 성령님은 우리를 돕는 분입니다. 협조자입니다. 성령님이 우리와 함께 계시기 때문에 우리는 비록 어리석고 힘이 없어도 염려할 필요가 없습니다.

똑똑하지 못한 사람은 행복합니다. 자기가 똑똑하지 않으므로 성령님의 지혜가 함께 하기 때문입니다. 재주없는 사람은 복이 있습니다. 자기가 재주가 없으므로 성령님의 재주가 함께 하기 때문입니다. "심령이 가난한 자는 복이 있나니 천국이 저희 것임이요"(마 5:2). 자기의 지혜가 부족한 사람에겐 성령님의 지혜가 나옵니다. 왜냐하면 성령님은 바로 자기를 의지하는 사람들을 돕는 보혜사이기 때문입니다.

부활하신 예수님이 보내시겠다고 약속하신 보혜사 성령님이 우리와 함께 계십니다. 예수님은 "**보혜사 성령이 오시면 너희와 항상 함께 할 것이다**"라고 말씀하셨습니다. 그래서 예수님이 승천하시고 난 뒤 예수님과 똑같은 분이 영으로 오셨는데, 그분이 바로 우리와 함께 영원히 계시며 우리를 돕는 성령님입니다.

언제 어디서 무엇을 하든지 우리는 성령님을 의지해야 합니다. 성령님을 의존해서 건강도 유지하고, 지혜도 얻고, 위로도 받습니다. 성령님을 의존할 때 힘도 얻고, 평화를 얻을 수 있습니다. 무엇을 하든지 성령님을 의존하면 성령의 지혜가 생깁니다. 그렇게 하실 수 있는 분이 바로 보혜사 성령님입니다.

아홉째, '나의 신'(창 6 : 3)입니다.

마지막으로 '나의 신'이라고 말씀하신 성령님의 이름을 살펴보도록 하겠습니다.

"여호와께서 가라사대 **나의 신**이 영원히 사람과 함께 하지 아니하리니 이는 그들이 육체가 됨이라."

이때의 '나'는 하나님께서 하신 말씀인데 그것은 소속을 말하는 것입니다. 하나님에 속한 하나님의 영이라는 뜻입니다.

이와 비슷한 이름으로, 이미 앞에서 '하나님의 신'에 대해서 살펴본 적이 있습니다. '의'(of)를 소유격으로 해석하여 '하나님께 속한 신'이라고 해석할 수도 있지만 더욱 정확한 뜻은 '의'(of)를 동격 전치사처럼 해석하여 '하나님인 신'이라고 해석하는 것이 더욱 정확한 의미라는 것을 이미 살펴보았습니다.

'나의 신'도 마찬가지입니다. '나에게 속한 신'이라고 해석할 수 있지만 '나인 신'이라고 해석하는 것이 좋습니다. 그러면 이 말씀은 '신(성령)은 곧 나(하나님)'라는 의미입니다. 이 말씀에서 우리는 성부 하나님, 성자 하나님, 성령 하나님이 모두 하나이라는 삼위일체의 교리를 확인할 수 있습니다.

한글성경 중에 「공동번역성서」라는 것이 있습니다. 가톨릭교회와 개신교가 연합해서 번역해 놓은 성경입니다. 거기에 창세기 1장 2절 '하나님의 신'을 뭐라고 번역해 놓았는가 하면 '하나님의 입김'이라고 번역을 해놓았습니다. 이것은 아주 잘못된 오역입니다.

저는 평양에 방문했을 때 북한의 성경을 얻은 적이 있습니다. 돈을 주고 사려고 하니까 파는 것이 아니므로 그냥 주겠다고 해서 한 권 얻어왔습니다. 그런데, 구약성경을 펼쳐보니까 거기에도 '하나님의 입김'이라고 해놓았습니다. 그래서 그게 공동번역인 줄 알았습니다. 한국에 돌아와서 공동번역성서와 대조해보니까, 북한의 성경은 한국의 공동번역을 그저 이북말로 토만 바꿔놓았습니다.

'입김'은 절대로 틀린 번역입니다. 하나님의 영이 활동하고 움직인 것이지, 하나님의 입김이 왔다갔다 한 것이 아닙니다. 그것은 번역이 잘못된 것입니다.

성경 말씀을 바로 아는 일이 절대로 필요합니다. 성경 말씀은 지식으로만 알 수는 없습니다. 지식으로만 성경을 대할 때 앞서와 같은 오역들이 나오는 것입니다. 우리는 성경을 **번역할 때나, 읽을 때나, 해석할 때나 겸손히 성령의 지혜와 조명하심을 구해야 합니다.** 왜냐하면 성경의 저자이신 성령께서 직접 풀어주실 때에 비로소 우리의 지식은 완전하여지는 것이기 때문입니다.

제 2 장

성령의 상징과 모형

그러면 이제 성경에서 성령님은 어떤 상징으로 표현되는가를 살펴보도록 하겠습니다. 성령님은 성경에서 다양한 상징으로 표현되고 있습니다. 각각의 상징은 성령님의 사역의 내용과 밀접한 관련을 맺고 있으면서 성령님의 속성에 대한 이해를 적절하게 드러내고 있습니다.

성령님에 대한 상징을 살펴볼 때 히브리어와 히브리적인 사유에 대한 이해를 먼저해둘 필요가 있습니다. 영어 또는 한글로 번역되는 과정에서는 한 가지의 의미를 뜻하는 단어로 번역되었지만, 원래의 히브리 원어에는 자연적, 영적, 초자연적인 의미들이 다의적(多意的)으로 포함된 경우가 많았습니다. 한 가지의 단어가 여러가지의 의미로 사용되었던 것입니다. 그러므로, 성령님의 상징을 살필 때는 원어가 가지는 의미를 정확하게 살펴볼 필요가 있습니다. 뿐만 아니라 히브리적인 사유에서는 자연적인 현상들도 신적인 현상과 밀접한 관계를 가지고 있는 것으로 생각되었습니다. 따라서 성령님의 상징은 자연적 현상과 신적 의미가 결합된 풍부한 상징성을 지니게 된 것입니다.

그러면 지금부터 성령의 상징과 그 의미에 대해서 살펴보겠습니다. 성령님은 일곱가지의 상징과 모형으로 성경에 나타나고 있습니다.

성령의 상징과 모형

첫째, 성령님은 '바람'으로 상징되었습니다(요 3:8; 행 2:1; 겔 37).

요한복음 3장 8절에는 "바람이 임의로 불매 어디로 와서 어디로 가는지 너희가 알지 못하나니 성령으로 난 자도 이와 같으니라"고 말씀하고 있습니다. 이것은 무슨 의미입니까? 성령님은 눈으로 볼 수 없다는 의미입니다.

바람이 불어도 눈에는 보이지 않습니다. 그러나 바람이 불면 가지가 흔들리는 것을 보고 우리는 바람이 불고 있다는 사실을 알 수 있습니다. 마찬가지입니다. 성령님은 마치 바람과 같습니다. **성령님은 눈에 보이지 않지만 성령님이 역사하시면 그 결과를 보고 성령님이 역사하셨다는 사실을 알 수 있습니다.**

'바람'이라는 단어와 '성령'이라는 단어는 성경에서 똑같은 단어로 사용되었습니다. 성경에서 '바람'과 '성령'은 모두 히브리어로는 '루아흐', 헬라어로는 '프뉴마'라고 합니다. '프뉴마'에서 파생된 단어 가운데 하나가 'pneumonia'입니다. 이 단어는 '폐렴'이란 뜻으로, 원래는 프뉴모니아라고 읽어야 하는데 P자가 묵음이 되어 뉴모니아라고 읽습니다. 이처럼 성령의 어원인 '프뉴마'에는 바람 또는 호흡이라는 의미도 들어있습니다.

또 사도행전 2장 1~2절에서도 "오순절날이 이미 이르매 저희가 다 같이 한곳에 모였더니 홀연히 하늘로부터 급하고 강한 바람 같은 소리가 있어 저희 앉은 온 집에 가득하여"라고 기록하면서 성령님을 바람으로 상징하고 있습니다.

또 에스겔서 37장에서도, '뼈가 다 흐트러졌는데 바람이 부니까 뼈들이 여기저기서 날아와 붙어서 사람이 되었다'고 기록하면서 성령님을 바람과 비교하고 있습니다. 성령님은 바람처럼 눈에 보이지는 않지만 눈에 나타난 결과를 보고 성령님을 알 수 있다는 것을 보여주고 있습니다.

또한 바람은 근본적인 혼돈(잠 25:4), 공허함(욥 6:26)을 의미하기도 했습니다.

둘째, 성령님은 '불'로 상징되었습니다(행 2:3; 사 4:4; 슥 2:5).

사도행전 2장 3절에는 성령님을 "불의 혀같은 것"이라고 표현하고 있습니다. 이사야서 4장 4절에서는 성령님을 "심판하시는 영과 소멸하시는 영"이라고 기록하고 있습니다. 한글개역 성경에서는 정확하게 표현되지 않았는데 '소멸하시는 영'을 영어성경에서 살펴보면 a Spirit of fire라고 기록하고 있습니다. 성령님은 불의 영, 즉 성령님은 불과 같다는 의미를 잘 드러내주고 있습니다.

불이라는 것은 심판의 상징이기도 하며 또한 욥기에서 "그가 나를 단련하신 후에 내가 정금같이 나오리라"는 말씀에서처럼 신앙을 단련하기 위한 시험, 그리고 식지 않은 뜨거운 신앙의 의미를 갖기도 합니다. 또한 불은 하나님의 임재의 상징으로 사용되었습니다.

우리는 기도할 때 "불같은 성령을 주시옵소서" 하고 많이 기도합니다. 성령님은 불과 같은 분이십니다. 그러나 불과 같이 뜨거운 성령만 구하고 바람같은 성령을 구하지 않는다면 그것은 바람직한 일이 아닙니다.

불처럼 뜨겁게 일어나서 모든 것을 순식간에 태워버리는 불과 같은 성령의 역사가 일어날 때도 있지만, 때로 성령님은 살살 부는 바람과 같이 잔잔하게 역사하시기도 합니다. 바람처럼 고요하게 나타나서 가지를 살짝 흔들어놓고 가는 역사 속에서도 성령님의 임재를 민감하게 느낄 줄 알아야 합니다.

바람처럼 조용할 때도 성령님의 역사는 있고 불처럼 뜨거울 때도 성령님의 역사는 있습니다. 성령님의 역사는 일률적이 아닙니다. 하나님은 무한한 분이니까 다양성이 있습니다. 우리가 상상할 수 없을 만큼 다양성이 있습니다. 하나님은 여러가지의 방법으로 우리 가운데 역사하십니다.

그러므로 하나님을 내 경험과 내 신앙 스타일에 의해 일률적으로 규정하려는 것은 하나님의 다양하신 역사를 이해하지 못한 결과입니다. 그렇게 하는 것은 성경의 가르침이나, 성령의 종합적인 상징을 이해하지 못할 때 나타나는 현상들입니다.

그래서 성경을 잘 알면서도 성령님에 의존해서 사는 사람일수록 신앙이 상당히 균형이 잘 잡혀있습니다. 성경을 잘 이해하면서 신앙을 개발한 사람들은 한쪽으로 지나치게 치우치지 않고, 온건하면서도 여러가지 면에서 다양성있는 모습으로 나타나는 것을 볼 수 있습니다.

세째, 성령님은 '인'으로 상징되었습니다(엡 1:13, 4:30; 고후 1:22; 계 7:3~4).

성령님에 대한 상징으로서 세번째는 인, 즉 도장입니다.

"그 안에서 너희도 진리의 말씀 곧 너희의 구원의 복음을 듣고 그 안에서 또한 믿어 약속의 성령으로 인치심을 받았으니"(엡 1:13).

성령으로 인치심을 받았다는 것은 소유권을 말하는 것입니다. 어떤 물건이 자기 소유인 것을 밝힐 때는 그 물건 위에다 도장을 찍습니다. 마찬가지로 **우리가 성령의 인치심을 받았다는 것은 우리가 성령님의 소유라는 의미입니다.**

도장을 찍는 것은 또한 계약의 완료를 뜻합니다. 집을 사고 팔 때라든지, 물건에 대한 구매 계약시에 아직 최종적으로 물건을 인수하는 행위는 이루어지지 않았지만 계약된 물건에 대한 모든 법적 권리는 계약서에 도장을 찍는 순간 완료되는 것입니다.

이땅에서 그리스도인의 삶도 마찬가지입니다. 우리가 성령님의 인치심을 받음으로, 아직 우리는 천국에 들어간 것은 아니지만, 이미 천국의 삶을 보장받고 누리며 사는 것입니다. 성령님의 인치심은 구원에 대한 확증입니다.

네째, 성령님은 '보증'으로 상징되었습니다(고후 1 : 22).

"저가 또한 우리에게 인치시고 보증으로 성령을 우리 마음에 주셨느니라"라고 고린도후서 1장 22절은 말씀하고 있습니다. 여기서 말하는 보증이란 보증금과 같은 의미입니다. 어떤 것을 내것으로 사용하기 위해서 미리 지불해놓는 돈이 바로 보증금입니다. 성령께서 나의 영원한 영생을 위해서 보증금을 지불했기 때문에 누구도 우리로부터 영생을 빼앗을 수는 없습니다.

미국의 백화점이나 상점에는 LAY AWAY라는 시스템이 있습니다. 어느 백화점에서 꼭 갖고 싶은 좋은 물건을 세일하는데 그것을 살 돈이 없을 경우, 돈을 일부만 내놓고 "LAY AWAY해 놓으라"고 합니다. 예약과는 다릅니다. 만약 물건이 5만원 짜리라면 만원만 선불을 내고 그 물건에 내 이름을 써서 붙여 놓는 것입니다. 그러면 그 물건은 이미 내 소유의 물건이 되는 것입니다. 일종의 보증금제도인 셈입니다.

마찬가지입니다. 성령님께서 우리 안에 계시므로, 성령님께서 보증금이 되셔서 우리는 하나님의 소유인 것입니다. 성령님께서 우리의 구원에 대한 보증이 되는 것입니다.

다섯째, 성령님은 '옷'으로 상징되었습니다(눅 24:49).

성령님은 옷으로 비유되기도 했습니다. 누가복음 24장 49절에는 "너희는 위로부터 능력을 (옷) 입히울 때까지 이 성에 유하라"는 말씀이 있습니다. 위로부터 내려오는 능력을 옷입을 때까지 성을 떠나지 말라는 말씀입니다. '옷'이라는 상징은 '힘'과 관련되어 나타나고 있습니다.

동일한 내용의 말씀이 사도행전 1장 8절에도 나옵니다.

"오직 성령이 너희에게 임하시면 너희가 권능을 받고."

사도행전에는 '권능'이라는 단어를 썼고, 누가복음에는 '능력'이라는 단어를 썼는데 둘다 똑같은 단어입니다. 힘을 말한 것입니다. 성령께서는 우리들의 삶 속에, 영혼과 몸에 힘으로 옷입혀 줄 수 있는 분입니다. 우리가 육신적인 힘이 모자랄 때에도 성령님을 의존하면 육체적인 힘을 얻을 수 있습니다.

이사야서 40장 30~31절에는 또 이렇게 기록하고 있습니다.

"소년이라도 피곤하고 곤비하며 장정이라도 넘어지고 자빠지되 오직 여호와를 앙망하는 자는 새 힘을 얻느리니 독수리의 날개치며 올라감같을 것이요 달음박질하여도 곤비치 아니하겠고 걸어가도 피곤치 아니하리로다."

성령님께서 늘 힘을 주시니까 우리는 힘을 얻을 수 있습니다. 성령님은 얼마나 힘이 있는 분이십니까? 우주를 창조할 만큼 힘이 있는 분입니다. 또한 이 힘은 예수 그리스도를 죽은 자 가운데 살려내신 그 힘이기도 합니다. 우리에게 주시는 힘이 바로 이 성령님의 힘인 것입니다.

여섯째, 성령님은 '물'로 상징되었습니다(요 7:37~39).

성령님은 또 '물'로 상징되기도 했습니다. 예수님께서 말씀하신 유명한 말씀 중에서 생수의 강 비유에 잘 나타나있습니다. 요한복음 7장 37~39절 말씀을 살펴보겠습니다.

"누구든지 목마르거든 내게로 와서 마시라 나를 믿는 자는 성경에 이름과 같이 그 배에서 생수의 강이 흘러나리라 하시니 이는 그를 믿는 자의 받을 성령을 가리켜 말씀하신 것이라."

'보혜사 성령이 너희에게 임하시면 너희 속에 영원토록 솟아나는 샘물이 되리라'는 말씀입니다. 우리 속에 성령님이 계실 때 영원히 솟아나는 샘물, 잠깐 동안이 아니라 영원토록 솟아나는 샘물이 생겨납니다. **성령님이 주시는 물은 아무리 먹어도 모자라지 않고, 영원토록 영적인 갈증을 채워줄 수 있는 물입니다.**

"이 세상이 주는 물을 마시는 자마다 다시 목마르려거니와."

좋은 옷, 좋은 집 등 이 세상이 주는 물은 마시면 다시 목이 마릅니다. 그래서 이 세상이 주는 물을 마시고서 인생의 만족함을 얻으려고 할 때는 노력하면 할수록 더 목마르게 됩니다. 마치 배타고 여행하던 사람이 물이 떨어져서 목이 말라서 바닷물을 마시는 것과 마찬가지입니다. 마시면 또 목마르고, 마시면 또 목마름의 반복입니다.

이 세상이 주는 물을 가지고 목을 시원하게 하려고 처음부터 기대를 하지 않는 것이 행복하게 사는 길 가운데 하나입니다. 이 세상의 물도 목마를때 먹으면 시원합니다. 그것은 사실입니다. 그러나 인생의 행복을 한 모금의 세상 물에 걸고 사는 것은 어리석은 일입니다.

자식이 줄 수 있는 행복도, 아내와 남편이 줄 수 있는 행복도 영원한 행복은 아닙니다. 자식이 주는 행복에 젖어 살 때도 있지만 자식 때문에 기도하고 눈물 흘리며 속을 썩히는 일은 또 얼마나 많습니까? 자식이란 가만히 앉아있는 예쁜이인형이 아닙니다. 세상에 물들어 세상의 자식처럼 되어가기가 얼마나 쉽습니까? 장로님의 아들, 목사님의 딸이라도 마찬가지입니다. 성령을 의지하지 않고 성경에 따라 살지 않을 때는 누구라도 부모의 속을 썩히는 근심덩어리가 될 수 있습니다.

그러나 단 한가지, 한 번도 우리를 실망시키지 않는 것은 성령의 물입니다. 언제나 그분을 신뢰하고 그분에게 힘을 구하고 그분에게 말하고 그분과 교통하면 영원히 목마르지 않습니다. 심지어 가족들을 다 떠나서 혼자 여행을 해도 보혜사 성령이 언제나 같이 다니니까 외로울 틈이 없습니다. 그렇지 않으면 자식이 옆에 있어야 되고, 남편이 옆에 있어야 되고, 아내가 옆에 있어야 되고 꼭 그래야 안심이 됩니다. 정작 없을 때는 갈증이 날 수밖에 없습니다.

그래서 우리는 우리 속에서 영원토록 솟아나는 샘물과 같은 성령님을 의지하고 살아야 하는 것입니다. 그것이 그리스도인들만이 갖는 특권이요, 목마르지 않는 행복의 열쇠입니다.

일곱째, 성령님은 '바르는 기름'으로 상징되었습니다(요일 2:20).

"너희는 거룩한 자에게서 기름 부음을 받고 모든 것을 아느니라"는 요한일서 2장 20절 말씀은 무슨 의미입니까?

기름부음은 기름부음 받는 사람을 영화롭게 만드는 일입니다. 그리스도라는 말도 '기름부음을 받은 자'라는 뜻입니다. 구약에서 기름부음은 왕의 대관식, 선지자와 대제사장의 임명식 때 행해졌습니다. 그만큼 기름부음은 그 사람을 영광스럽게 하는 일입니다. 그런데 요한일서 2장 2절에서는 예수님에게 메시야로서 기름부으셨던 성령님이 우리에게도 동일하게 기름을 부으셨다고 이야기하고 있는 것입니다.

여기서 '거룩한 자'는 성령님을 가리킵니다. **우리에게 진리를 알게 하시고 진리가 무엇인지 판단할 수 있게 해주시는 게 성령님**이란 뜻입니다. 우리가 성경을 읽거나 기도할 때, 성령님이 우리에게 직접 깨우쳐주시는 진리가 가장 확실한 진리입니다.

그러나 성령님이 깨우쳐주시는 진리에 관해서 한가지 조심해야 할 것이 있습니다. 만약 성령님이 깨우쳐주신 그 진리가 나만 깨달았고 아무도 모르는 것이라면 그건 성령님이 가르쳐주신 진리가 아닐 수도 있습니다.

제가 미국의 신학교에 있을 때, 미공군 대위가 야간에 강의를 들으러 다니는데 한 주를 빠졌습니다. 그리고 그 다음 주일에 왔습니다. 그래서 제가 "지난 주에 결석을 했는데 어떻게 된거냐?"고 물었습니다. 그러니까 집안에 문제가 있었다고 했습니다. 아침에 일하러 갔다 저녁에 돌아오니까 자기 부인이 노트에 메모를 남겨 놓고는 없어졌다는 것입니다. 노트에 뭐라고 썼느냐 하면 "성령님께서 당신을 떠나라고 그랬다. 그래서 나는 떠난다"고 해놓고는 어디로 간다고 말도 없이 그냥 없어져 버렸답니다. 그래서 사방에 전화를 하고 찾아 다니느라고 결석을 했답니다.

그래서 제가 그걸 보고 우리 성도들이 성령님의 가르침에 대해 조심을 할 필요가 있다는 것을 느꼈습니다. 성령님은 절대로 성경에 있는 것과 반대로 얘기하지 않습니다. 성경에 골치 아프면 남편을 떠나라 그런 구절이 어디 있습니까? 이 부인의 남편은 골치 아픈 남편이 아니라 아주 착하디 착한 좋은 남편이었는데, 그런 남편을 떠나라고 하는 지시는 성령님의 지시가 아닙니다.

그래서 우리는 성령께서 우리에게 어떤 지시를 주셨다고 생각할 때, **만약에 성령께서 저자이신 성경말씀에 위배되면 그건 성령님의 지시가 아니란 것을 분별할 줄 알아야 합니다.** 성령님이 각 사람에게 개인적으로 역사하시니까 어떤 때 보면 엉뚱한 것을 성령님의 지시라고 하는 사람들이 있습니다. 성령은 성경에 위배되는 건 절대로 지시하지 않습니다. 우리 안에 계시는 성령님과 성경을 쓰신 성령님은 똑같은 분이기 때문입니다.

제 3 장

성령의 품성

사람에게 그 사람 나름의 독특한 인격이 있듯이 성령님에게도 성령님 자신의 고유한 품성(personality)이 있습니다. 이것을 영어로 말하면 'The personality of the Holy Spirit'인데, personality라는 단어는 한글로 번역하기가 까다로운 단어입니다.

그래서 제가 여러가지 번역한 것들을 보니까 어느 대학의 심리학 교수가 personality라는 단어를 한국말로 뭐라고 번역했느냐 하면 원어 그대로 퍼스날리티라고 번역을 해놓았습니다. 이 personality를 한국말로 정확하게 번역할 수가 없으니까 서론에다가 'personality를 한국말로 번역할 수가 없었기 때문에 그냥 퍼스날리티라고 하겠다' 이렇게 써놓았습니다. 한글로 personality를 번역하는 데 따른 어려움을 적절히 표현한 듯한 생각이 들었습니다.

그런데 personality에는 person이라는 말이 들어있으니까 '인격적' 이라고 생각하기가 쉽습니다. 그러나 인은 사람 人자가 들어가므로 하나님에게 사람 人자를 쓰는 것은 곤란한 일입니다. 그러므로 personality는 '인격'이라고 번역하기보다는 '품격'이라고 번역하는 것이 더 적절할 듯합니다. 사람은 인격체이고 돌은 비인격체입니다. 이런 의미에서, 천사와 하나님은 인격체입니다.
　성령님은 품성을 가진 분입니다. 그저 능력과 힘을 성령과 같은 것으로 일치시키면 안됩니다. 성령님은 힘과 능력을 가지고 있지만 그렇다고 해서 힘과 능력 자체를 성령님이라고 볼 수는 없습니다. 성령님의 능력과 성령님의 모습 가운데 한 부분이 능력이지, 능력만을 가지고 성령님이라고 말하는 것은 적합하지 않습니다.
　하나님의 힘은 강한 데서도 나타나고, 약한 데서도 나타납니다. 성령님은 물처럼 나타나기도 하고, 바람처럼 나타나기도 하고, 불처럼도 나타나기도 합니다. 성령님의 역사는 여러 가지로 나타나기 때문에 꼭 능력만을 성령님의 모습으로 보는 것은 옳지 않습니다. 능력은 성령님이 하시는 역사 가운데 하나입니다.

　성령님의 영향력에 관해서도 마찬가지입니다. 성령을 인격적인 품성을 가진 존재로 생각하지 않고 그저 능력이나 영향력 정도로 생각하는 것은 잘못된 생각입니다. 성령님은 능력이나 영향력 정도가 아니라 인격적인 품격을 가진 하나의 존재입니다. 따라서 그 분은 영향력을 줄 수도 있고 능력도 줄 수 있고, 이것도 할 수 있고 저것도 할 수 있는 분입니다.

　옛날 주후 3세기의 '사모사타의 바울'과, 소시니우스와, 현대의 유니테리언교회는 성령님의 품격성을 부인합니다. 이들은 성령을 단지 하나의 능력이나 힘, 하나의 영향력으로만 생각합니다. '하나님의 영향력이 곧 성령이다' 이렇게 주장을 합니다. 성령 나름대로의 독특한 품위가 있고, 그분 나름대로의 지위가 있고, 그분 나름대로의 성품이 있다는 것을 부인합니다.
　또 주후 300년경의 아리우스도 성부께서 성자를 창조하셨고, 또 그 성자가 성령을 창조하셨으므로, 성령은 인격이 있는 존재가 아니고 하나님이 아니라고 주장한 일이 있습니다. 그래서 니케아 종교회의에서 이단으로 판정을 받았습니다.

여호와 증인도 성자와 성령의 신성을 부인하고 있습니다. 여호와의 증인과 아리우스의 주장이 비슷합니다.

예수님이 품격과 인격을 가진 존재인 것처럼, 그리고 성부 하나님이 독특한 그분 나름대로의 품격을 가진 존재인 것처럼, 성령님도 하나의 자기의 품격을 가진 존재입니다. 그저 힘이나, 기운이나, 영향력 정도만이 아닙니다.

그러면 이제 성경에 나타나는 성령의 품격(personality)을 살펴보도록 하겠습니다.

성령님의 호칭

첫째, 성령에 대해서 인격대명사를 사용하고 있습니다.

인격대명사라는 것은 그(he), 그녀(she), 나(I), 너(you) 등을 말합니다. '그것'(it)에는 인격성(personality)이 없습니다. '이것' '저것' '그것' 따위는 물건과 똑같이 인격(person)이 아니기 때문입니다.
그런데 성령에는 그분(He)이라는 인격적인 단어를 언제나 사용합니다.

"그러하나 진리의 성령이 오시면 그가 너희를 모든 진리 가운데로 인도하시리니 그가 자의로 말하지 않고 오직 듣는 것을 말하시며 장래일을 너희에게 알리시리라."

요한복음 16장 13절 말씀에서 살펴보는 바와 같이 성경은 성령님에 대해 철저하게 인격대명사를 사용함으로써 성령님이 단지 추상이나 관념적 존재가 아니라 인격적 존재임을 분명히 밝히고 있습니다.

둘째, 성령님은 개별적인 이름을 갖고 있습니다.

성령님의 이름은 무엇입니까? 우리가 앞서에서 살펴본 바와 같이 성령님에게는 보혜사(파라클레토스)라는 그분 나름대로의 이름이 있습니다. 이밖에도 성령님께는 하나님의 영, 은혜의 영, 거룩의 영, 생명의 영, 그리스도의 영, 양자의 영, 영광의 영, 예언의 영, 영원한 영 등 많은 이름이 있습니다.

이 이름들이 뜻하는 성령님의 고유한 품성은 조금씩 다릅니다. 그러나 이 모든 이름에서 우리가 확인을 할 수 있는 것은 성령님은 품성(presonality)를 가진 인격적 존재라는 사실입니다.

성령님의 인격적 속성

첫째, 성령님에게는 생명이 있습니다.

인격적인 속성 속에는 생명력이 있어야 합니다. 아무리 눈, 코, 입이 다 붙어있는 사람이라고 하더라도 시체를 보고 우리는 인격적이라고 말하지 않습니다. 시체에는 생명력이 없기 때문입니다. 인격에는 생명력이 있습니다. 생명이 있어야 그걸 보고 우리는 인격체라고 부릅니다.

고린도후서 3장 3절 등에서 "오직 살아계신 하나님의 영"이라고 기록함으로써 성경은 성령님이 생명이 있는 인격적 존재라는 것을 분명히 밝히고 있습니다.

둘째, 성령님에게는 마음이 있습니다.

성령님에게는 생명만 아니라 마음이 있습니다.

"사람의 사정을 사람의 속에 있는 영 외에 누가 알리요 이와같이 하나님의 사정도 하나님의 영 외에는 아무도 알지 못하느니라"(고전 2 : 11).

고린도전서 2장 11절 말씀에서는 성령께서 '아신다'고 기록하고 있습니다. 또 "우리가 빌 바를 알지 못할 때 성령께서는 다 아시고 우리 대신 기도해 주신다"는 말씀도 성경에는 기록되어 있습니다. '안다'는 행위는 지각을 가지고 있고 마음이 있는 존재라는 것을 뜻합니다. 성령님은 우리의 생각과 사정을 아시는 분입니다. 얼마나 감사한 일인지 모릅니다.

저도 전에는 한때 기도가 안 나올 때가 있었습니다. 기도하고 싶어 기도를 하려고 눈을 감고 있어도 기도가 나오지 않았습니다. 그럴 때마다 '내 영이 다 말라 비틀어져가지고 이제는 기도도 안 나오는구나' 하고 생각했습니다. 그런데 얼마 후에 저는 로마서 8장 26절 말씀을 깨닫고는 안심을 했습니다.

우리는 가끔 무엇을 기도할지 알 바를 모르는데 그럴 때는 우리 안에 계시는 성령님께서 아시고 그 분이 우리대신 기도를 해주는 것입니다. 어떤 사람들은 기도할 때 "오 주여" 그러고는 가만히 앉아있기만 합니다. 그러면 그때 그 기분과, 그 느낌과, 그 생각을 성령님이 아시고 대신 기도해 주시는 것입니다.

말로 기도할 때에나, 아무 말도 없이 기도할 때에나 모두 다 성령님께서 아시고 내 기도의 내용을 다 전달해 주십니다. 만약 성령님이 인격적인 존재가 아니라 한낱 관념이나 힘, 영향력 정도에 불과하다면 이것은 불가능한 일입니다.

셋째, 성령님에게는 의지가 있습니다.

성령님은 인격적 존재이므로 또 의지가 있습니다. 먼저 고린도전서 12장 11절 말씀을 살펴보겠습니다.

"이 모든 일은 같은 한 성령이 행하사 그 뜻대로 각 사람에게 나눠 주시느니라."

성령께서 '원하시는대로 모든 은사를 각 사람에게 주었다'는 말입니다. 그래서 이 말씀에서 우리는 성령님께서 의지를 가지고 있는 분이란 것을 알 수 있습니다. 성령님은 뜻을 가지고 스스로의 의지대로 일하시는 인격적인 존재인 것입니다.

넷째, 성령님에게는 감정이 있습니다.

성령님에게는 인간과 마찬가지로 감정이 있습니다. 성령님이 감정을 가지신 인격적인 존재라는 것을 잘 드러내주는 말씀 몇 군데를 살펴보겠습니다.

"하나님의 성령을 근심하게 하지 말라"(엡 4 : 30).
"그들이 반역하여 주의 성신을 근심케 하였으므로"(사 63 : 10).
"형제들아 내가 우리 주 예수 그리스도로 말미암고 성령의 사랑으로 말미암아 너희를 권하노니"(롬 15 : 30).

"성령을 근심하게 하지 말라." 만약 우리가 잘못을 하면 우리 안에 계시는 성령이 근심을 하신다는 말씀입니다. 성령님은 근심하기도 하고, 슬퍼하기도 하고, 사랑도 하시는 분입니다. 여러분과 제가 가지고 있는 감정이 성령님 안에 다 있습니다. 성령님에게는 기쁨, 슬픔, 사랑, 모든 감정들이 있습니다.

다섯째, 성령님에게는 자유가 있습니다.

성령님에게는 자유가 있습니다.

"주는 영이시니 주의 영이 계신 곳에는 자유함이 있느니라"

(고후 3 : 17).

성령이 계신 곳에 자유가 있습니다. 가만히 보면, 믿는 사람들이면서도 자유가 없는 때가 많이 있음을 보게 됩니다. 우리 인간들은 교파들끼리 짜놓은 그 틀 안에서 움직입니다. 이 사람도 저 사람도 다 용납을 하면서 주님을 위해서 일할 수 있는 자유가 상당히 제한되어 있다는 것을 느끼게 됩니다.

그리스도의 성령으로 말미암지 않고는 아무도 예수를 '주'라고 시인할 수 없다고 그랬습니다. 그러므로 예수님을 자기의 구주라고 시인하는 사람은 누구로 말미암아 태어난 사람입니까? 성령으로 말미암아 태어난 사람들입니다. 그런데 생각이 다르고, 교파가 다르기 때문에 우리는 종종 좁은 교파의 틀 안에 갇혀 자유를 잃어버리게 됩니다.

그러나 성령님이 계신 곳에는 자유가 있습니다. 예수님께서도 "너희가 진리를 알지니 진리가 너희를 자유케 하리라"고 말씀하셨습니다.

그런데 성령을 보고 무슨 영이라고 했습니까? 진리의 영이라고 했습니다. 그래서 우리는 진리를 알면 알수록 자유롭게 됩니다. 그러므로 공부를 많이 하면 할수록 점점 사람늘과 갈라지고 깨시고 싫어하고 이렇게 되는 것은 아직까지 성령에 완전히 의존하는 것이 아니기 때문입니다.

우리는 좀더 진리의 성령 안에서 자유로워질 필요가 있습니다. 그리스도 안에서, 진리 안에서, 성령 안에서 우리는 자유롭습니다. 그러므로 사도 바울도 이렇게 이야기했습니다.

"내가 비천에 처할 줄도 알고 풍부에 처할 줄도 알아 모든 일에 배부르며 배고픔과 풍부와 궁핍에도 일체의 비결을 배웠노라 내게 능력 주시는 자 안에서 내가 모든 것을 할 수 있느니라"(빌 4 : 12~13).

어떤 때는 가난에 처할 수도 있고, 부에 처할 수도 있고, 높은 데 처할 수도 있고, 낮은 데 처할 수도 있고, 이런 형편에 처할 수도 있는, 저런 형편에 처할 수도 있고, 이것이 성숙해진 성령님 안에서 사는 사람들의 모습입니다.

예수 믿는 사람들이 어떠한 형편에도 처할 줄 알게 되는 것에 대해 사도 바울은 어떻게 했다고 했습니까? "내가 배웠다"고 말했습니다. 그것은 저절로 오지 않습니다. 성령님의 가르침 속에서 배울 때에 비로소 사도 바울과 같은 자유가 우리에게도 주어질 수 있습니다.

여섯째, 성령님에게는 자아의식이 있습니다.

자아의식이 있다는 것은 자기 스스로 생각하고 행동하는 것을 인식한다는 말입니다. 자아의식은 인격성의 요소에는 필수적인 사항이라고 할 수 있습니다. 자아의식이야말로 자기 자신을 독립된 개체로 파악하는 인격성의 핵심입니다.

"오직 하나님이 성령으로 이것을 우리에게 보이셨으니 성령은 모든 것 곧 하나님의 깊은 것이라도 통달하시느니라"(고전 2 : 10).

지금까지 성령님의 인격적 속성인 생명, 자유, 의지, 감정, 자유, 자아의식 등에 대하여 살펴보았습니다. 이런 것들이 있어야 성령님을 보고 인격적인 존재라고 할 수 있는데, 성령님은 모든 것을 다 갖추고 계십니다.

성령님을 그저 하나의 힘이나 에너지로만 보는 것은 전혀 타당성이 없다는 것을 지금까지 성경 말씀을 통하여 확인할 수 있었습니다. 만약 성령님을 하나의 힘으로 관념화한다면 거기에는 마음이나, 의지, 감정 같은 것을 찾아볼 수가 없습니다. 그러나 인격적인 존재에는 이런 모든 것들이 갖춰져 있습니다.

따라서, 생명과 감정과 의지 등을 가진 성령님은 우리와 다 똑같은 하

나의 인격적인 품성(personality)을 갖춘 인격체입니다. 성령님은 예전이나 지금이나 동일하게 살아계셔서 우리를 인도하시는 분입니다.

제 4 장

성령께서 하시는 일들

성령님은 인격적인 품성을 가지신 분입니다. 그러므로 성령님은 살아있는 생명체가 느끼는 감정을 모두 느낄 수 있는 분이며, 특히 인간이 행동하는 것과 같이 인격체로서의 모든 일들을 하실 수 있는 분입니다.

그러면 성령께서 하실 수 있는 일들 중에서도 특별히 영적인 부분과 관련하여 여섯가지를 살펴보겠습니다. 성경에 나타난 것 가운데 성령님이 하시는 일에는 어떤 것들이 있습니까?

첫째, 성령님은 '말씀하십니다' (요 16:13; 행 13:2; 계 2:7; 삼후 23:2).

성령께서는 말씀도 하실 수 있습니다. 만약 공동번역의 번역처럼 성령이 '하나님의 기운'이라고 한다면 기운은 에너지에 불과한데 기운이 어떻게 말을 합니까? 인격적인 존재, 인격성이 있는 존재만이 자기 마음 속에 있는 의사를 표현할 수 있습니다.

사도행전 13장 2절에 보면 성령께서 사도 바울과 바나바를 따로 불러 세우시는 장면이 있습니다.

"주를 섬겨 금식할 때에 성령이 가라사대 내가 불러 시키는 일을 위하여 바나바와 사울을 따로 세우라 하시니."

성령께서 말씀하시기를 "바나바와 사울을 따로 세우라" 하셨습니다. 이렇게 말씀을 통해서 우리에게 대화하시는 것을 보면 성령님은 그저 하나의 호흡 정도나, 힘, 영향력 정도가 아니고 하나님 아버지와 같이 인격적인 존재요, 예수님과 같이 하나의 인격성을 가지신 분이라는 것을 알 수가 있습니다.

이외에도 성령님께서 말씀하시기를 "일어나라"(행 8:26)고 하신 표현들이 성경에는 많이 있습니다. 인격성과 지혜와 지식과 생각을 가지고 있는 분이라야 말씀을 하지, 그렇지 않으면 말씀을 하실 수가 없습니다.

둘째, 성령님은 '기도하십니다'(롬 8:26~27).

성령님께서는 심지어 기도를 하시기도 합니다. 로마서 8장 26~27절에는 성령님이 기도하시는 모습이 잘 나타나 있습니다.

"이와같이 성령도 우리 연약함을 도우시나니 우리가 마땅히 빌 바를 알지 못하나 오직 성령이 말할 수 없는 탄식으로 우리를 위하여 친히 간구하시느니라 마음을 감찰하시는 이가 성령의 생각을 아시나니 이는 성령이 하나님의 뜻대로 성령을 위하여 성도를 위하여 간구하심이라."

우리는 어떨 때 도무지 무엇을 기도해야 할지 잘 알지 못할 때가 있습니다. 그런 때에 성령님께서는 우리 마음 깊숙히 있는 느낌과 생각을 다 아시고, 우리를 대신하여 아버지 하나님께 간구해 주십니다. 그러나 성령님이 비인격적인 존재, 예를 들어 호흡 정도라면 호흡이 어떻게 기도를 하겠습니까?

세째, 성령님은 '명령하십니다'(행 8:26).

성령님은 또 명령을 하시기도 합니다. 바나바와 사울을 따로 세우도록 명령하신 것은 성령님이었습니다. 사도 바울이 소아시아지방으로 전도를 가려니까 "거기로 가지 마라. 그 대신 마게도니아 지방으로 가라"고 명령을 하신 것도 성령님이었습니다.

"주의 사자가 빌립더러 일러 가로되 일어나서 남으로 향하여 예루살렘에서 가사로 내려가는 길까지 가라 하니 그 길은 곧 광야라"(행 8:26).

빌립에게 광야길로 내려가 에디오피아의 내시를 만나게 하고 병거 가까이 나아가 이야기하도록 명령하신 것도 바로 성령님이었습니다.

네째, 성령님은 '가르치십니다'(고전 2:13).

네번째로, 성령님은 가르치십니다. 예수님도 "진리의 영이 오시면 너에게 모든 것을 가르쳐 주시리라"고 말씀하셨습니다. 우리는 지식적으로 성경을 알 수 있습니다. 하지만 성령님께서 나에게 가르쳐 주시는 그때에 비로소 영적으로 깨달을 수 있습니다. 성령님은 우리의 가장 훌륭한 선생님이 되십니다.

성령님께서 목사나 신학자를 통해서 가르쳐 주시고, 우리의 영혼을 깨워주시고, 그 뜻을 깨닫게 해주실 때 그때에 비로소 우리가 참된 뜻을 알 수가 있습니다. 그렇지 않으면 지식적으로는 깨닫지만 그것을 영적으로 깨닫지 못하는 것입니다.

"우리가 이것을 말하거니와 사람의 지혜의 가르친 말로 아니하고 오직 성령의 가르치신 것으로 하니 신령한 일은 신령한 것으로 분별하느니라"(고전 2:13).

사람의 지혜로는 신령한 일을 분별할 수 없습니다. 그러므로 우리는 마땅히 성령님의 지혜를 구하여야 하는 것입니다.

다섯째, 성령님은 '증거하십니다'(요 15:26).

요한복음 15장 26절에 보면 "진리의 성령이 오실 때에 그가 나를 증거하실 것이요"라며, 예수 그리스도에 대해서 성령님이 증거하신다는 말씀이 있습니다. 성령께서 오시면 스스로에 대해서 말씀하시거나, 혼자서 마음대로 하지 않으시고 그리스도에 대해서 증거해 주신다는 말씀입니다.

예수님께서 성령님에 대해서 가르쳐주신 것은 요한복음 14, 15, 16장 석장에 주로 나타나 있습니다. 그래서 성령님에 대해서 배우고, 성령님에 대해서 정확히 알고 싶으면 예수님의 말씀을 살펴보는 것이 제일 좋습니다. 성령님은 예수님을 대신해서 오신 분이고, 예수님께서 보내신 분이기 때문입니다.

성령님께서 오셔서 어떤 일을 하실 것인가에 대해서는 14, 15, 16장 석장에 예수님께서 떠나시기 전에 말씀을 하셨습니다. 14장 16절을 보겠습니다.

"내가 아버지께 구하겠으니 그가 또 다른 보혜사를 너희에게 주사 영원토록 너희와 함께 있게 하시리니."

구약시대에는 성령님이 '누구에게 임했다'고 기록하고 있습니다. 솔로몬에게 임하시고, 사울에게도 임하시고 이렇게 '누구 위에 임했다'(came upon)고 표현하고 있습니다. 성령의 임하심은 개인의 특별한 사역과 관계가 있었습니다.

신약시대의 예수님에 와서는 '성령이 너희와 함께 있겠다'고 기록하고 있습니다. 사울에게 임했던 성령은 일시적으로 머물렀다가 일이 다 끝나면 사울을 떠났습니다. 구약시대의 성령은 군사적인 용감성을 주시기도 하고, 어떤 특별한 지혜를 주시기도 하고, 탁월한 힘을 주시기도 하셨지만 왔다가 떠났습니다. 그러나 신약시대에는 요한복음14장 16절에서 보는 바와 같이 '영원토록 우리와 함께' 있습니다.

그런데 16절의 말씀 중에는 '또 다른 보혜사'라는 말이 있습니다. '또 다른'이란 단어가 아주 중요한 단어입니다. 이때의 '다르다'는 단어에는 헬라어로 두 가지의 말이 있습니다. '헤테로스'라는 말과 '알로스'라는 말이 그 두 가지입니다.

'헤테로스'라고 하는 말은 전혀 종류가 다른 것을 의미합니다. 그러나 '알로스'라는 말은 '똑같은 것 가운데 다른 하나'라는 의미입니다. 요한복음 14장 16절에 사용된 단어는 '알로스'입니다. 사과와 배는 종류가 다릅니다. 이때는 '헤테로스'입니다. '알로스'를 사용할 때는 과일가게에서 사과를 사는데 다른 사과를 하나 더 달라고 할 때입니다.

성령님은 예수님하고 똑같지만 또 다른 한 분입니다. 이것이 '또 다른 보혜사'가 의미하는 것입니다. 예수님 자신도 보혜사였습니다. '예수님도 도와주시는 분인데, 예수님과 똑같은 분 한 분이 더 오신다. 내가 아버지께 구해서 나하고 똑같은 분 한분을 보내겠다'는 것입니다.

육체를 입고 오셨던 예수님은 육체의 제한을 받으셨던 분이었습니다. 한번에 한곳에만 머무시고, 피곤해 하시고, 목말라 하시고, 주무시기도 하셨습니다. 이런 인간의 제한성을 입고 예수님이 오셨기 때문에 예수님은 하나님이지만 여러곳에 한꺼번에 있을 수는 없었습니다. 그래서 '예수님과 똑같은 한 분을 더 보내줄텐데 그분이 오시면 여러분과 영원히 같이 있게 하겠다. 내가 떠나는 것이 훨씬 유익하다'라고 말씀하신 것입니다.

"저는 진리의 영이라 세상은 능히 저를 받지 못하나니 이는 저를 보지도 못하고 알지도 못함이라 그러나 너희는 저를 아나니 저는 너희와 함께 거하심이요 또 너희 속에 계시겠음이라"(요 14 : 17).

이것이 신약시대와 구약시대의 차이입니다. 그런데 가끔 이런 질문을 합니다. '그러면 구약시대에는 하나님의 백성들 마음 속에 하나님의 영이 임재하지 않았는가?' 이렇게 질문을 해보면, 임재하지 않았다고 대답할 수는 없습니다.

구약시대에도 하나님의 사람들 안에 하나님의 영이 계셨지만, 그것을 구약시대에는 분명히 계시되지 않았던 것 같습니다. 예를 들면, 다윗이 시편 51편에서 이렇게 기도했습니다.

"나를 주 앞에서 쫓아내지 마시며 주의 성신을 내게서 거두지 마소서"(시 51 : 11).

'당신의 영을 나에게서 뺏아가지 말아달라'는 기도에서 다윗이 하나님의 영을 소유하고 있었다는 것을 알 수 있습니다. 신약에서는 더욱 분명하게 나타납니다. 어떤 진리들은 구약에서 처음에는 확실하게 안 보이다가 점진적으로 나타납니다. 이런 것을 보고 점진적인 계시라고 합니다.

마치 그림을 그리는 사람이 처음에는 산 하나 그리고, 나무를 그리고, 집을 그리고 점점 더 그려가면서 그림이 완성되는 것처럼, 영원한 진리는 있지만 그것은 점진적으로 나타났기 때문에 신약시대가 끝나서야 완전히 그림이 보인다는 말입니다.

계속해서 요한복음 14장 26절의 예수님 말씀을 살펴보겠습니다.

"보혜사 곧 아버지께서 내 이름으로 보내실 성령 그가 너희에게 모든 것을 가르치시고 내가 너희에게 말한 모든 것을 생각나게 하시리라."

그러면서 예수님은 성령님과 27절의 평화를 연결시키고 있습니다.

"평안을 너희에게 끼치노니 곧 나의 평안을 너희에게 주노라 내가 너희에게 주는 것은 세상이 주는 것 같지 아니하니라 너희는 마음에 근심도 말고 두려워하지도 말라."

왜 근심하지도 두려워하지도 말라는 것입니까? 성령님이 임하면 성령님이 우리에게 평화를 줄 수 있기 때문입니다. 성령님이 하시는 일 가운데 하나는 우리에게 평화를 주시는 일입니다. 평화를 주시는 분이 바로 성령님입니다.

요한복음 15장 26절에 또 성령님에 대해서 나타납니다.

"내가 아버지께로서 너희에게 보낼 보혜사 곧 아버지께로서 나오시는 진리의 성령이 오실 때에 그가 나를 증거하실 것이요."

성령님이 오시면 하실 일이 무엇이라고 했습니까? 성령님이 하실 일은 예수님에 대해서 증거하는 일입니다. 성령님이 오시는 목적이 바로 예수님에 대해서 증거를 하려는 것입니다.

지금이 성령님의 시대라고 이야기하지만, 사실은 예수님의 시대입니다. 왜냐하면 성령님이 오셔서 하시는 일이 예수님에 대해서 증거를 하는 것이기 때문입니다. 그래서 온전한 성령 운동은 예수에 대해서 증거하는 운동입니다.

지금은 성령 운동이 많이 일어나는 때이기 때문에 성령 얘기를 많이 합니다. 우리는 성령이 누구를 증거하기 위해 하나님 아버지으로부터 보냄을 받았는가를 생각해야 됩니다. 성령의 능력을 힘입어서, 성령의 가르침을 받아서 예수를 증거하는 일이라면 그것은 성령님이 원하시는 일을 제대로 하는 것입니다. **성령님의 사역의 초점은 철저하게 예수님에게 있습니다.**

성령의 역사가 성경에서 제일 많이 기록된 때가 언제입니까? 사도행전입니다. 사도행전은 글자 그대로 사도들의 행전으로서, 사도들이 성령에 충만해서 주로 한 일은 예수를 증거하는 것이었습니다. 예루살렘부터, 유다와 사마리아와 땅 끝까지 다니면서 예수에 대해서 증거한 것입니다. 그래서 예수님이 하신 말씀과 사도행전이 맞아 떨어집니다. 사도행전의 초점은 예수님이었습니다.

계속해서 27절을 살펴봅시다.

"너희도 처음부터 나와 함께 있었으므로 증거하느니라."

무엇을 증거한다는 것입니까? 예수님에 대해서 증거하는 것입니다. 성령님이 오시면 우리들도 성령께서 예수님에 대해 증거하는 것처럼 예수님에 대해 증거하라는 것입니다. 예수님이 우리의 대화의 초점이고, 우리의 모든 생각의 초점이고, 우리 전도의 초점입니다.

"그러하나 진리의 성령이 오시면 그가 너희를 모든 진리 가운데로 인도하시리니 그가 자의로 말하지 않고 오직 듣는 것을 말하시며 장래 일을 너희에게 알리시리라 그가 내 영광을 나타내리니 내 것을 가지고 너희에게 알리겠음이니라"(요 16 : 13~14).

요한복음 16장 13~14절에서도 성령님의 사역의 초점이 예수님이라는 것을 분명하게, 반복해서 말하고 있습니다. 여기에서 '자의로 말하지 않는다'는 것은 '자기가 자기에 대해서 말하지 아니하고, 또는 자기가 자기 스스로 말을 하지 아니하고'라고 해석할 수 있습니다. 14절을 다시 한번 보겠습니다. "그가 내 영광을 나타내리니 내 것을 가지고 너희에게 알리겠음이니라."

진리의 영이 오시면은 그가 누구를 영화롭게 한다는 것입니까? 예수님을 영화롭게 한다는 것입니다. 성령님이 자기가 따로 혼자서 자기 마음대로 우리한테 가르쳐주시는 것이 아니라, 예수님의 생애와 그분의 가르침을 우리에게 알리겠다는 것입니다.

예수님의 가르침은 어디에 있습니까? 사복음서에 예수님의 생애와 예수님의 가르침이 다 들어있습니다. 그리고 사복음서에 있는 내용을 가지고 설명을 해주고 우리들에게 알도록 이해하게 만드는 책들이 바로 서신서들입니다. 로마서, 고린도전후서, 갈라디아서, 빌립보서, 골로새서… 전부가 예수님과 예수님의 가르침을 현실교회와 신앙생활에 적용해서 설명해 놓은 것들입니다.

그리고 성령이 오시면 '장래의 일'에 대해서 말해주겠다고 했습니다. 장래의 일은 어디에 적혀 있습니까? 요한계시록에 있습니다.

그러니까 성령께서 예수 그리스도에 대해서 증거한다는 것은 우리에게 신약성경을 주실 것이란 뜻도 내포하고 있습니다. 예수님의 가르침은 복음서에 있고, 예수님에 대해서 증거한 것은 사도행전에 있고, 예수님의 것을 가지고 설명해 놓은 것은 서신에 있고, 장래의 일은 요한계시록에 있기 때문입니다. 성경이 주님의 것이니까, 성경이 다 주님의 말씀이요, 주님의 생애요, 주님의 뜻입니다.

"내 것을 가지고 너희들한테 알려주겠다"고 할 때의 '알려준다'는 말은 영어로 disclose라는 말입니다. 이것은 '다 풀어 헤쳐서 보여준다'는 의미입니다. 일일이 다 내용을 가르쳐주는 것입니다.

그래서 성령의 충만한 것과 말씀의 충만한 것은 거의 동일시됩니다. 에베소서 5장18절의 "성령의 충만을 받으라"는 것과, 골로새서 3장 16절 "그리스도의 말씀이 너희 속에 풍성하여"는 내용이 똑같습니다. 둘 다 사도 바울이 썼습니다. 에베소서에서는 '성령충만'이라고 했고, 골로새서에서는 '말씀충만'이라고 했을 뿐 나머지 결과는 똑같습니다.

시와 찬미와 신령한 노래들로 서로 화답하며 모든 것을 주의 이름으로 감사하고 서로 서로 섬기는 것은 성령충만한 사람의 결과입니다. 그런데, 이것은 말씀충만한 사람들하고 똑같습니다. 성령충만과 말씀충만이 서로 같다는 것을 비교하려고 의도적으로 사도 바울이 써놓았습니다.

요한복음 14~16장을 잘 읽어보면 결국 성령님은 예수님 대신 오시는 분이요, 예수님과 똑같은 분이라는 것을 알 수 있습니다. 예수님께서 아버지께 구해서 아버님께서 보내시는 분이 바로 성령님이기 때문입니다.

여섯째, **성령님은 '책망하시고 죄를 일깨우십니다'**(요 16:7~11).

성령님은 예수님을 증거하실 뿐만 아니라 책망하시고, 야단도 치시고, 죄의식도 일으켜 주십니다. 우리가 잘못하면 죄의식을 일으켜 주시는 분이 바로 성령님입니다. 그래서 우리들이 삶을 살다가 마음 속에 죄의식이 나타나면 성령께서 내 안에서 역사하시는 것이라고 생각할 수 있습니다. 그래서 금방 자기의 잘못을 깨닫고 회개하도록 하는 것이 성령님이 하시는 일입니다.

"그가 와서 죄에 대하여, 의에 대하여, 심판에 대하여 세상을 책망하시리라"(요 16 : 8).

성령이 당하는 세 가지 괴로움

성령은 또 어떤 분입니까? 성령님은 괴로움을 느낄 수 있는 분입니다. 우리의 죄악이 성령님을 괴롭게 합니다. 이 점을 보아서도 성령은 인격적인 존재라는 것을 알 수있습니다. 인격적인 존재만이 괴로움을 압니다. 성경에는 성령을 괴롭히는 일들에 대해서 세 가지로 말씀하고 있습니다. 우리는 성령님에게 세 가지를 해서는 안됩니다.

첫째, **성령님을 슬프게 하지 마십시오**(엡 4:3).

에베소서 4장 30절에는 "하나님의 성령을 근심하게 하지 말라"고 말씀하고 있습니다. 성령님을 슬프게 하지 말라, 섭섭하게 하지 말라는 것입니다.

성령님을 내 마음의 집에다가 모셔다 놓고 교제의 시간도 드리지 않고 혼자 돌아다니면 성령님이 '왜 나를 이런 데 데려왔나' 섭섭해 하실 것입니다. 또 하나님의 성전인 우리 몸이 담배를 피고 술을 자꾸 마시면 그 악취에 성령님이 얼마나 불편하시겠습니까?

성령님은 인격적인 존재입니다. 만약에 집에 손님을 모셔다 놓았는데, 쥐 썩은 냄새를 풍기면 그 손님이 얼마나 불편해 하시겠습니까? 우리는 귀한 손님이 오시면 닦고, 쓸고, 청소하고, 스프레이 향기를 뿌려 놓지도 않습니까?

그런데 우리는 성령님이 우리 마음의 집에 계시는데도, 그 성령님에 계시는 방에다가 별의별 냄새나는 것을 다 집어넣습니다. 거기에다 분노, 질투, 짜증내는 것, 미워하는 것을 집어넣고 쌓아 놓습니다. 불평, 비난, 비판 이런 것들을 성령님이 계신 방에다 막 쓸어 넣습니다. 성령님이 얼마나 불편하시겠습니까?

우리는 성령님을 괴롭힐 수 있습니다. 성령님은 인격적인 존재라 괴로움을 느끼는 분이기 때문입니다. 그러므로 베드로전서 2장 1~2절 말씀으로 우리들의 마음을 깨끗하게 청소해야 합니다.

"그러므로 모든 악독과 모든 궤휼과 외식과 시기와 모든 비방하는 말을 버리고 갓난 아이들같이 순전하고 신령한 젖을 사모하라."

둘째, 성령님에게 거짓말하지 마십시오(행 5:3~4).

사도행전 5장 3~4절에 보면 우리는 성령님에게 거짓말을 할 수도 있습니다. 사도행전 5장에는 아나니아와 삽비라의 얘기가 나옵니다.

"베드로가 가로되 아나니아야 어찌하여 사단이 네 마음에 가득하여 네가 성령을 속이고 땅값 얼마를 감추었느냐 땅이 그대로 있을 때에는 네 땅이 아니며 판 후에도 네 임의로 할 수가 없더냐 어찌하여 이 일을 네 마음에 두었느냐 사람에게 거짓말 한 것이 아니요 하나님께로다."

아나니아와 삽비라가 거짓말을 했는데, 하나님께 거짓말을 했다고 기록되어 있습니다. 생명이 없는 물건에게는 우리가 거짓말을 할 수가 없습니다. 그런데 성령님은 인격을 가진 존재이기 때문에 우리는 거짓말을 할 수가 있습니다. 아나니아는 감히 하나님께 거짓말을 하려다가 죽임을 당하였습니다.

하나님은 성령을 속이고 하나님께 거짓말하는 사람들을 싫어하십니다.

세째, 성령님을 괴롭히지 마십시오(사 63:10).

이사야서 63장 10절에는 "그들이 반역하여 주의 성신을 근심케 하였으므로 그가 돌이켜 그들의 대적이 되사 친히 그들을 치셨더니"라고 기록하고 있습니다. 성령님을 괴롭히니까 성령님이 돌이켜서 그들을 쳤습니다.

이런 것들은 성령님의 인격성을 말해주는 것입니다. 성령님은 영향력, 능력, 기운, 호흡 그런 정도가 아니고, 예수님과 똑같은 인격적인 존재입니다. 인격적인 존재가 아닌데 근심할 수는 없습니다.

예수를 믿는 우리들은 이 사실을 의식해야 합니다. 내 마음의 집 안에 성령님을 늘 모시고 살기 때문에 자칫 잘못하면 성령님을 슬프게 만들 수도 있고, 섭섭하게 만들 수도 있다는 것을 알아야 합니다. 내가 누구에게 거짓말을 한다면 그 거짓말은 성령님의 목전에서, 그분 앞에서 거짓말을 하는 것이 됩니다. 거짓말을 듣는 상대는 모르지만 성령님은 알고 계시니까, 성령님을 섭섭하게 할 수가 있습니다.

우리는 성령님을 모시고 사는 태도로 살아야 합니다. 힘이 필요하면 그분에게 구할 수 있고, 용기가 필요하면 그분이 나를 도와줄 수 있습니다. 성령님은 우리를 도와주라고 예수님께서 보내신 분이기 때문입니다. 그래서 보혜사입니다.

성령님이 우리와 함께 계시니까 신앙생활하기에 얼마나 좋은지 모릅니다. 나는 속이 상해서 견딜 수가 없는데 성령님이 계시니까 그분이 나에게 평화를 주십니다. 그분 때문에 내가 용서를 할 수가 있습니다. 못

참겠다고 생각될 때 참을 수 있는 것은 성령님께서 우리 안에 계심으로써 우리에게 주시는 축복입니다.

인격적인 존재로서의 구분

첫째, 성령은 하나님의 인격을 가지신 성부와 성자와 함께 구분이 됩니다(마 28 : 19 ; 고후 13 : 13).

마태복음 28장 19절에 보면 "너희는 가서 모든 족속으로 제자를 삼아 아버지와 아들과 성령의 이름으로 세례를 주고"라고 말씀하고 있습니다. 성부, 성자, 성령이 하나님의 성품을 같은 위로 구분이 되어 있습니다. 성령은 성부 하나님, 성자 하나님과 같은 인격적 존재요, 위에 있어서 동등한 분입니다.

고린도후서 13장 13절에도 같은 내용이 기록되어 있습니다. 이 말씀은 보통 목사님들이 축도할 때 쓰이는 말씀입니다.

"주 예수 그리스도의 은혜와 하나님의 사랑과 성령의 교통하심이 너희 무리와 함께 있을지어다."

이 말씀에서 목사님들의 축도가 비롯되었습니다. 여기서도 예수 그리스도와 하나님도 인격적인 존재요, 성령님도 인격적인 존재로 대등하게 말씀하고 있습니다. 이 세분이 하나같이 하나님이요 같은 인격적 존재인 것입니다.

둘째, 성령은 인격적인 인간과 구분이 됩니다(행 15 : 28).

성령님과 인간은 다 같이 인격적인 대상으로 취급하고 있습니다.

"성령과 우리는 이 요긴한 것들 외에 아무 짐도 너희에게 지우지 아니하는 것이 가한 줄 알았노니"(행 15 : 28).

위의 말씀에서 '성령과 우리'를 동등하게 다루고 있습니다. 인간은 인격적인 존재인데 성령님을 옆에 나란히 기록하면서 '성령님도 우리하고 같이 생각한다' 이런 의미를 뜻하는 것입니다.

지금까지 살펴본 모든 증거들을 보건대 성령님의 인격성을 부인하는 것은 대단히 성경에서 벗어난 이야기입니다. 주후 3세기 사모사타의 바울, 소시니우스, 현대의 유니테리언교회는 모두 성령님의 인격성을 부인하는데 이것은 모두 비성경적인 생각입니다. 여호와의 증인도 성령님의 인격성을 부인합니다. 역시 옳지 못합니다. **성경은 분명하게 성령님이 인격적인 존재라는 것을 밝히고 있습니다.**

또한 한국교회가 성령님에 관해서 자주 범하는 실수들도 있습니다. 성령님과 성령님의 능력을 동일시해서 그저 능력이 필요할 때만 성령을 찾는 것입니다. 그래서는 안됩니다. 성령님을 인격적인 존재로 여기고 일대일의 서로 사귀고, 같이 얘기하고, 같이 즐기고, 같이 모든 것을 토론하고, 이렇게 함께 동역하는 동역자로서 인정해야 합니다. 나에게 도움을 주시며 나와 함께 하나님의 성전인 내 안에서 같이 사시는 분으로 인격적인 대우를 해야 합니다.

필요할 때만 성령님을 찾는 태도는 고쳐야 합니다. 모든 일에 언제든지 늘 동행하고 같이 얘기하고 같이 의논하는 인격적인 관계를 가져야 합니다.

지금까지 성령님의 인격적 품성에 대해 살펴보았습니다. 이제부터는 성령에 대한 인격성을 의식하시면서 여러분과 성령님 사이에 인격적인 관계가 날마다 유지되고 조성되기를 바랍니다. 그럼으로써 비로소 우리의 삶은 성령님이 동행하시는 성령충만한 삶으로 변화되는 것입니다.

제 5 장

성령의 신성

성령님의 신성, 인격성은 성경에서 분명하게 살펴볼 수 있습니다. 따라서 인격성을 부인하는 여호와의 증인이나 나머지의 잘못된 가르침은 옳지 않다는 것을 알 수가 있습니다. 또 우리가 성령님을 인격적인 존재로서 대하면 그분과 함께 날마다 교제를 나누면서 살 수 있습니다.

이제는 성령님의 신성에 대해서 살펴보도록 하겠습니다. 성령님에게는 하나님의 이름이 사용되고, 성령님은 또 하나님의 속성을 소유하신 분입니다.

성령님은 하나님이라 불리움

첫째, 베드로는 성령을 하나님이라 불렀습니다(행 5:3~4).

사도행전 5장 3~4절에서 베드로는 성령을 두고 아나니아가 하나님께 거짓말을 했다고 꾸짖었습니다. 3절에서는 "어찌하여 네가 성령을 속이고"라고 말했던 베드로는 곧이어 4절에서 "사람에게 거짓말한 것이 아니요 하나님께로다"라고 하며 성령님과 하나님을 동일시하고 있습니다.

성령님이 어떻게 베드로에 의해 하나님이라고 불리워졌는가를 살펴보기 위해 먼저 '하나님'이라는 단어를 설명하는 것이 필요합니다. 보통 '하나님'이라 하면 우리는 자동적으로 '하나님 아버지'를 생각합니다. 그런데 성경에 '하나님'이란 단어는 'Theos'라는 단어로 사용되고 있습니다. 'theology'(신학)이라는 단어가 여기에서 파생되었습니다. '하나님'이라는 단어가 쓰여질 때는 대개의 경우 정관사가 붙습니다.

그래서 헬라어성경에는 'Ho Theos'라고 해서 'Ho'는 정관사입니다. 정관사가 붙을 때가 있고, 안 붙을 때가 있습니다. 정관사가 붙으면 '하나님 아버지'를 말하는 것이고, 안 붙으면 '신성'(deity)을 말하는 것입니다.

요한복음 1장 1절 "태초에 말씀이 계시니라 이 말씀이 하나님과 함께 계셨으니"에서는 하나님 앞에 정관사가 붙어 있습니다. 말씀이 하나님 아버지와 같이 있었다는 의미입니다. 그 다음에 "이 말씀은 곧 하나님이시라"에서 두번째의 하나님이란 단어에는 정관사가 없습니다.

관사가 없으면 영어에서는 2가지로 번역을 할 수가 있습니다. 하나는 the Word was a god '말씀은 한분의 하나님이시다'라고 번역할 수도 있고, the Word is divine '말씀이신 그분이 곧 신성을 가지신 분이시다'라고 번역할 수도 있습니다.

사도행전에서 베드로가 성령님을 하나님과 동일시한 말씀에 대해서도 '성령님은 하나님이시다'라는 것과 '성령님은 하나님의 속성, 즉 신성을 가지신 분'으로 해석할 수가 있습니다. 신성을 소유하고 계시는 분은 신입니다. 그런 뜻에서 성령은 하나님이라는 말입니다.

둘째, 성령님은 '주 성령'으로 불리워졌습니다(고후 3:18).

두번째로 고린도후서 3장 18절에 보면, 성령님을 '주 성령'이라고 불렀습니다. '김상복 목사'라는 이름은 '김상복은 목사이다'라는 의미입니다. 마찬가지로 예수 그리스도란 이름은 예수는 그리스도라는 의미이며, '주 성령'이란 이름은 '성령님은 주님이시다' 라는 의미인 것입니다. 고린도후서 3장 18절의 영어성경을 살펴보면 뜻은 더욱명확해집니다.

"which comes from the Lord, who is the Spirit."

즉, Lord=the Spirit이라는 것을 위의 영어문장에서 알 수 있습니다. 이때의 Lord라는 단어는 구약성경에서는 "아도나이" 또는 "여호와" 또는 "야훼"라고 사용되었습니다. 여호와라는 말을 흠정역(킹제임스버전)같은 데에서는 Lord라고 번역했습니다. 그러니까 구약의 '아도나이' 혹은 '여호와'를 영어성경에서는 '주'라고 번역을 해놓았습니다. 이것은 예수 그리스도를 부를 때와 성령님을 부를 때도 동일하게 사용되었습니다. 즉"여호와는 하나님이다" 이런 말이 성령에 대해서도 "주 성령" "여호와 성령님" 등 똑같은 하나님을 표시하는 이름으로 사용되었습니다.

그래서 세 분 하나님, 삼위는 모두 꼭같은 하나님인 것입니다. 이것을 신학적으로는 삼위일체라고 합니다. 그러나 저는 일체란 말에 조금 문제가 있다고 여깁니다. '일체' 그러니까 한몸인 것처럼 착각이 일어납니다. '체'자가 몸 體자라서 마치 세 분이 한 몸인 것처럼 인상을 줍니다. 그래서 저는 영어의 trinity 또는 tri-unity가 아주 정확한 표현이라고 생각합니다. tri-unity, 셋이 하나라는 말입니다. 즉 "삼위가 똑 같이 하나님이시다"는 의미입니다.

하나님의 영이라 불리움

고린도전서 3장 16절과 고린도전서 2장 10절에 보면 성령님은 하나님의 영이라고 불렸습니다. 고린도전서 3장 16절은 "너희가 하나님의 성전인 것과 하나님의 성령이 너희 안에 거하시는 것을 알지 못하느뇨?"라는 말씀입니다.

예수를 믿는 사람에게는 하나님의 성령께서 그 안에 영원히 내주해 계십니다. 그런데도 대부분의 고린도 교인들이 그것을 모르니까 사도 바울이 두번이나 강조해서 말씀했습니다. **우리가 예수님을 믿으면 예수께서 보내시겠다고 약속하신 성령이 영원히 우리와 함께 있으며 우리의 몸을 거룩한 성전으로 변화시키십니다.** 하나님이 임재하시는 곳이 성전이므로 성령님이 거하시는 우리 몸은 당연히 성전인 것입니다.

그런데 고린도교회 사람들은 문제가 많았습니다. 거룩한 성전으로 지켜야 할 자기 몸을 범죄와 쾌락의 도구로 사용했습니다. 얼마나 세속화되고 타락했는지, 심지어 신전의 여사제들과의 매춘 등 엄청난 타락이 교회에도 물들어 있었습니다.

고린도교회가 그렇게 타락한 이유가 무엇입니까? 자기 몸을 불의한 도구로 사용한 것은 자기 몸이 자기의 것이 아니라 그리스도께서 피로 사신 것이란 점을 몰라서 그렇습니다. 우리의 몸 속에 성령님이 임재해 계시는데 그것을 모르니까 몸을 타락의 도구로 사용하는 것입니다. 성령님과 우리가 일체라는 사실을 우리가 알게 되면 그렇게 살지 않습니다.

제가 미국에 있을때는 다른 교회를 자주 갈 때가 있었습니다. 예수님과 내가 하나요, 성령과 내가 하나요, 하나님과 내가 하나라는 사실을 아주 깊이 깊이 깨달으면 삶을 보는 눈이 달라져 버립니다. 삶이 뒤바뀝니다.

그래서 제가 이 주제를 가지고서 부흥회를 많이 다녔습니다. 재미교포들은 미국에서 예수를 처음 믿은 사람이 대부분입니다. 우리 교회에서 조사해 보니까 60%는 미국에서 예수를 믿은 사람들이었습니다. 하나님께서 그들을 사랑하셔서 한국에서는 술집에나 드나들고 하나님을 모르고 살던 사람들을 멀리 이국땅까지 보내셔서 거기서 하나님을 믿게 하신 것입니다.

우리는 질그릇같은 존재입니다. 아무 보잘것 없는 질그릇입니다. 그러나 질그릇은 속에 무엇을 담는가에 따라 가치가 달라집니다. 이 질그릇 속에 하나님의 보화를 영원히 담고 있다는 사실을 알게 되면 사는 것이 재미있어집니다. 내 안에 함께 하시는 하나님 때문에 저는 어깨가 펴지고, 어디서도 당당해집니다. 왜입니까? 성령님이 내 안에 함께 하시기 때문입니다.

성령님은 하나님의 모든 속성을 소유하심

성령님은 하나님께 속한 모든 하나님의 속성을 소유하고 계십니다. 성령님은 삼위 하나님의 한분이시며 하나님으로서의 신성을 갖추고 있습니다.

첫째, 성령님은 영원성을 가지고 있습니다(히 9 : 14).

히브리서 9장 14절에 보면 예수님께서 '영원하신 영을 통하여 자기 자신을 하나님께 바쳤다'는 구절이 있습니다. 예수님께서는 어떻게 자기 자신을 드려서 희생 제물로 바치셨습니까?

"하물며 영원하신 성령으로 말미암아 흠없는 자기를 하나님께 드린 그리스도의 피가 어찌 너희 양심으로 죽은 행실에서 깨끗하게 하고 살아계신 하나님을 섬기게 못하겠느뇨."

그것은 영원하신 성령으로 말미암아(through the eternal Spirit) 바치신 것입니다. 영원토록 계시는 하나님, 성령님을 통해서 예수님은 자기 자신을 아버지께 바쳤습니다. 그렇게 말하면서 성령님을 '영원하시다'라고 했습니다. 인간은 영원하지 않습니다. 피조물은 절대로 영원할 수 없습니다. 피조물에게는 시작이 있습니다. 그러나 성령님은 영원하십니다. 영원한 것은 하나님 밖에 없는 것입니다.

둘째, 성령님은 무소부재하십니다(시 139 : 7~10).

성령님은 어디나 계십니다. 시편 139편 7절부터 10절을 보겠습니다.

"내가 주의 신을 떠나 어디로 가며 주의 앞에서 어디로 피하리이까 내가 하늘에 올라갈지라도 거기 계시며 음부에 내 자리를 펼지라도 거기 계시니이다 내가 새벽 날개를 치며 바다 끝에 가서 거할지라도 곧 거기서도 주의 손이 나를 인도하시며 주의 오른손이 나를 붙드시리이다."

하나님의 영은 어디에나 계십니다. '저 하늘에 가도 계시고, 저 바다 끝에 가도 계시고, 저 땅끝에 가도, 심지어 죽은 사람들이 모이는 음부에 가도 하나님의 영이 거기 계신데 내가 어디로 도망갈 것인가?' 하고 시편 기자는 노래하고 있습니다. 그러면서 하나님의 영이 어디에나 계시다는 사실을 우리에게 말해주고 있습니다.

세째, 성령님은 모든 것을 아십니다(고전 2 : 10~11).

고린도전서 2장 10절 11절을 살펴보면 성령께서 모든 것을 감찰하신다는 점을 알수 있습니다. 영어로는 The Spirit searches all things, 성령님은 구석구석 다 아신다는 것입니다. 감옥이나 포로수용소에 가면 감시탑에는 search light가 있습니다. Search의 뜻은 불을 켜서 구석구석을 자세히 본다는 의미입니다.

우리들이 고민하고 한숨을 쉬면 모든 것을 감찰하시는 성령님은 우리가 왜 한숨쉬는지 아십니다. 우리 속에서 빌 바를 알지 못하고 우리들이 신음할 때, 어떻게 기도해야 할 줄 모르고 가슴이 아파서 괴로워할 때 내 속에서 나는 조그마한 신음소리까지도 성령님은 아십니다(롬 8 : 26 이하).

네째, 성령님은 모든 것을 하실 수 있습니다(눅 1 : 35).

누가복음 1장 35절에는 하나님께서는 무엇이나 할 수 있다는 것을 말씀하고 있습니다.

"천사가 대답하여 가로되 성령이 네게 임하시고 지극히 높으신 이의 능력이 너를 덮으시리니 이러므로 나실 바 거룩한 자는 하나님의 아들이라 일컬으리라."

하나님의 능력이 덮어씌우면 그렇게 된다는 것입니다. 하나님의 능력이 임하시면 처녀가 애기를 낳을 수 있다는 것입니다. "내가 남자를 모르는데 어떻게 애기를 낳을수 있습니까?" 마리아가 물으니까 "너는 안되지만은 성령께서 너를 덮으면 기적이 나타날 수 있다"라고 대답하신 것입니다.

그렇게 하는 것은 하나님이지, 인간이나, 천사가 아닙니다. 성령님이 이런 분이니까 우리는 그분을 보고 하나님이라고 하는 것입니다.

이와같이 영원하시고, 어디나 계시고, 무엇이나 할 수 있으시고, 모든 것을 아시는 그분이 바로 우리의 성령님입니다. 성령님은 예수님께서 우리에게 보내신 분이시고, 우리와 영원히 같이 계시는 분이십니다. 또 내가 예수님을 영접하는 그 순간에 나를 거듭나게 하시면서 그 순간에 내 안에 오신 분입니다.

저의 설교테이프 중에 확신시리즈가 있습니다. 감사하게도 저의 테이프를 듣고 미국에서, 또 오스트리아에서 몇년간의 병상에서 일어났다는 분들이 있었습니다. 그중에 한분은 대사의 부인이었는데 확신시리즈 설교를 수차 반복해서 듣고 병이 나았다고 합니다.

그 확신시리즈 가운데 하나가 "하나님께서 우리와 함께 계시다"는 것입니다. 하나님의 임재의 확신, 하나님이 나와 함께 하신다는 확신을 통해 하나님께서 병을 고치셨습니다.

사람들이 살아가는 모습은 저의 연구의 대상 가운데 하나입니다. 예수 잘 믿는 사람, 재미있게 사는 사람, 훌륭하게 사는 사람, 보람있게 사는 사람, 멋있게 사는 사람을 보면 굉장히 재미있습니다. 그런데 예수 잘 믿고 즐겁게 사는 사람을 분석해보면 그 사람들은 반드시 하나님이 자기와 계시다고 믿습니다. 그리고는 모든 것을 하나님과 함께 해나갑니다.

그러니 혼자 있는 사람과 하나님이 동행하는 사람은 상대가 될 수 없습니다. 영원하시고, 어디나 계시고, 무엇이나 할 수 있고, 모든 것을 아시는 성령님이 자기와 함께 계시다고 믿고 사는 사람과 안 믿고 사는 사람 사이에 차이가 없을 리가 있습니까? 엄청난 차이가 납니다.

하나님께서는 어리석은 것을 들어서 세상의 지혜로운 것을 부끄럽게 하실 수 있습니다. 왜냐하면 하나님의 일은 하나님의 일이기 때문입니다. 그래서 영적인 삶은 세상적으로 보기에는 모자랄수록 좋습니다. 모자라는 사람은 하나님의 능력을 엄청나게 체험할 수 있기 때문입니다. 부족한 사람은 하나님을 더 많이 체험할 수 있습니다. 똑똑한 사람은 자기가 다 해치우는데 부족한 사람은 하나님이 해주시기 때문입니다.

하나님 은총을 입으려면 덜 똑똑해져야 됩니다. 능력이 있는 사람은 사도 바울처럼 자기 능력을 버려야 됩니다. 그래야 하나님의 능력이 나타나고, 결과에 있어서 성령께서 하셨다는 증거가 나타납니다. 부족한 곳에는 하나님의 은혜가 나타납니다.

성령님은 이런 분입니다. 부족한 것을 채우시고 어리석은 자를 지혜롭게 하십니다. 그러면 성령님은 어떤 일을 할 수 있는 분일까요?

하나님만이 하실 수 있는 성령님의 일

첫째, 성령님은 창조에 관계된 일을 하십니다(시 104:30; 욥 33:4;

요 6:33).

요한복음에 보면 '그가 없이는 아무것도 된 것이 없다'고 예수님에 대해서 말씀하고 있습니다. 그런데 성령님께서는 창조의 역사 속에 동참하셨습니다. 특히 시편 104편에 보면 두 가지의 역사가 나옵니다.

"주의 영을 보내어 저희를 창조하사 지면을 새롭게 하시나이다."

시편 104편 30절에는 창조와 섭리가 둘 다 나타나 있습니다. 여기에 보면 두 가지 단어가 나오는데 둘 다 성령의 하시는 일과 관계가 있는 것입니다. 첫째는 '창조하시고', 둘째는 창조하신 것을 '새롭게' 하십니다.

"주의 영을 보내어"는 영어로는 You send forth your Spirit입니다. 하나님께서 당신의 영을 보내셔서 창조하셨다고 그랬습니다. 창조는 하나님의 영이 하신 일입니다. 뿐만 아니라, 성령님은 이땅의 모든 것을 늘 새롭게 하십니다. 바다나 강물이 물풀들과 여러가지 생명체들에 의해서 새롭게 정화되듯 그런 모든 역사를 성령님께서 주관하십니다. 인간이 발명은 하지만 창조는 못합니다. 과학자도 창조는 못합니다. 있는 것을 관찰하고 연구하는 것이 과학자들의 몫입니다.

둘째, 성령님은 섭리와 관계된 일을 하십니다(시 104:30).

섭리에는 보존하는 것이 들어있습니다. 우주를 보존하는 것, 돌보는 것, 이런 것을 보고 섭리라고 말합니다. 섭리와 기적은 구분이 됩니다. 기적은 하나님께서 직접적이고 즉각적으로 관계하셔서 초자연적인 능력을 발휘하시는 것이지만 섭리는 자연적이고 일반적인 방법을 통해서 관계하시는 하나님의 일입니다. 이것은 제2, 제3의 다른 간접적인 방법으로 하나님께서 역사하는 것을 섭리라고 표현합니다.

세째, 성령님은 중생에 관계된 일을 하십니다(요 3:7~8; 딛 3: 4~5).

거듭나게 하시는 것도 마찬가지입니다. 거듭나게 하시는 것도 하나님만이 하실 수 있는 일입니다. 거듭남, 중생이라는 말은, 쉽게 말하면 한번 더 태어난다는 말입니다. 하나님으로부터 다시 태어난다, 영적으로 태어난다는 말입니다.

몸으로 한번 태어났으니까, 예수님 말씀하신 것처럼 육으로 난 것을 육이라고 합니다. 인간은 반드시 한번 더 성령으로 태어나야 하는 것입니다.

성령으로 거듭나는 방법은 하나님의 아들 예수 그리스도가 나를 위해 돌아가신 구주이심을 마음으로 믿고, 입으로 시인하는 것입니다. 그 순간에 하나님께서 성령의 역사를 통해서 내 안에 영원한 영적인 생명을 넣어주십니다.

그런데 생명이 어디에 있습니까? 예수 안에 있습니다. 그래서 예수님을 내 마음에 받아들이면 그때 예수 안에 생명이 있으니까 영원한 생명이 우리에게 주어지는 것입니다. 쉽게 설명하면 성경 안에 페이지를 표시해두는 빨간줄이 있는데, 성경을 가진 사람은 빨간줄을 가지고 있고, 성경을 안 가진 사람은 빨간 줄이 없다는 것과 같습니다.

요한일서 5장을 살펴보겠습니다.

"아들이 있는 자에게는 생명이 있고 하나님의 아들이 없는 자에게는 생명이 없느니라"(요일 5:12).

아들을 소유한 사람은 생명이 있고, 하나님의 아들 소유하지 않은 사람은 생명이 없습니다. 왜냐하면 그 아들 안에 생명이 있기 때문입니다. 예수 안에 영원한 생명이 있습니다. 그래서 예수님을 모셔들이는 그 순간, 영원한 하나님의 생명을 받는 것이 됩니다. 성령께서 역사하셔서 성령께서 깨닫게 하시고, 느끼게 하시고, 알아듣게 하시고, 보게 하시고, 받아들일 마음이 있게 하십니다.

하나님의 영이 깨우쳐 주시고, 알아듣게 하시고, 마음을 열어주시지 않으면 우리는 아들을 알 수가 없었을 것입니다. 예수에 대해 하나님에 대해 많이 듣고 많이 읽었지만 깨닫지 못하고 있는데 성령께서 역사하실 때 눈이 열리고 귀가 트이는 것입니다. '오! 주여 나를 구원하여 주시옵소서' 구하게 됩니다. 물론 나의 결단이 그 속에는 포함되어 있지만 그렇게 하는 것 자체가 성령님이 만들어 주시는 것입니다.

예수님께서도 말씀 하시기를, "사람이 물과 성령으로 거듭나야 된다"고 하셨습니다. 물이란 말은 하나님의 말씀이란 뜻도 있고, 육체적으로 태어난다는 뜻도 있습니다. 양수가 터져서 아기가 나오는 것처럼, 육으로 나는 것은 물에서 태어난다고 했습니다. 그러나 물로 한번 태어나서는 안됩니다. 영으로 다시 한번 태어나야 합니다. 육에서 난 것은 육이요, 영에서 난 것은 영입니다. 바로, 영으로 태어난 그 순간, 성령께서 역사하시는 것입니다.

디도서 3장 5절을 보겠습니다.

"우리를 구원하시되 우리가 행한 바 의로운 행위로 말미암지 아니하고 오직 그의 긍휼하심을 좇아 중생의 씻음과 성령의 새롭게 하심으로 하셨나니."

우리들의 행한 의로운 행동때문에 구원받은 것이 아니라 '오직 하나님의 자비로 말미암아 성령의 씻음으로 거듭나게 해서' 구원받은 것입니다. 하나님이 우리의 죄를 씻어주시고, 거듭나게 해주심으로 우리가 구원을 받았습니다.

어떤 사람은 자기가 언제 거듭났는지를 잘 모릅니다. 특히 믿는 집에서 태어난 사람들은 언제 거듭났는지를 잘 모르는 사람들이 많이 있습니다. 그러나 모른다고 문제는 하나도 없습니다. 중요한 것은 거듭났나 안

났나지, 언제 거듭난 것을 내가 아냐 모르느냐가 중요한 것은 아닙니다.

그런데 구원파라고 하는 집단이 있어서 구원에는 정확한 시간과 장소를 알지 않으면 구원받은 것이 아니라고 주장한다고 합니다. 구원파가 구원의 확신을 강조하는 것은 옳다고 생각할 수 있습니다. 그러나 일시와 장소와 그 상황을 모르면 구원받지 못했다고 한다면 그것은 비성경적인 주장입니다. "바람이 임으로 불매 어디서 와서 어디로 가는지 알지 못하듯이" 성령으로 거듭난 사람도 언제 자기가 거듭났는지 모를 수도 있습니다.

그러나 성령으로 난 사람은 자기가 거듭난 줄은 압니다. 거듭 태어난 것을 뭘로 알 수 있습니까? "당신은 예수를 누구라고 말합니까?" 그것을 물어보면 알 수 있습니다. 베드로가 말하기를 "주는 그리스도요 살아계신 하나님의 아들이십니다"라고 했습니다. 그 신앙고백이 있는 사람은 거듭 태어난 사람인 것입니다.

네째, 성령님은 부활에 관계된 일을 하십니다(롬 8:11).

그뿐 아니라 성령님에게는 부활의 역사가 있습니다. 죽은 자를 다시 살리는 능력은 성령이 하시는 역사입니다. 이다음에 우리들이 다 죽을텐데 우리가 죽는 것을 두려워하지 않는 것은 부활에 대한 확신이 있기 때문입니다.

육체의 죽음은 아무것도 아닙니다. 뒤에 남은 사람이 문제지 죽은 사람이야 구원받아 천국갔는데 무슨 문제입니까? 언젠가 우리의 육체를 다시금 살리시게 하는 역사를 바로 성령님이 하시는 것입니다. "우리가 그를 알고 또 그를 알 뿐만 아니라 부활의 능력을 알게 하려 함이라"는 말씀은 무슨 얘기입니까? 우리 속에 계신 성령님은 죽은 자를 살릴 수 있는 그런 성령이란 말입니다.

사도 바울이 말하기를, 우리가 그분을 알 뿐만 아니라, 그분의 부활의 능력, 죽은 자까지도 살려내는 능력이 우리 안에 계신 성령님의 능력이라는 사실을 알아야 한다고 했습니다. 우리가 이땅을 살 때에 훨씬 더 이 사실을 절실히 깨닫고 성령님과 함께 늘 동행하면서 살면 우리 삶 속에서 굉장한 능력을 체험하면서 인생을 얼마든지 살 수가 있다는 것입니다. 바로 여러분과 제가 그렇게 할 수 있다는 것입니다.

여러분이 모두 이와같이 성령님이 우리 안에 임재하심을 확실히 믿고 날마다 그분과 함께 동행하는 삶을 사시기 바랍니다.

성부와 성자와 동등한 성령

성령은 언제나 성부와 성자와 함께 나열이 되어있습니다. 함께 나열이 되었다는 것은 삼위 하나님이 동등하며 성령님도 하나님의 신성을 가진 분이란 의미입니다. 대표적인 곳이 마태복음 28장 29절입니다.

"너희는 모든 족속으로 모든 제자를 삼아 아버지와 아들과 성령의 이름으로 세례를 주고 내가 분부한 모든 것을 가르쳐 지키게 하라."

하나님 아버지와 하나님이신 예수 그리스도와 그 다음에 성령님을 똑같은 위치에 놓아서 성령의 신성을 말해주고 있습니다. 고린도후서 13장 13절에도 같은 구절을 발견할 수 있습니다.

"주 예수 그리스도의 은혜와 하나님의 사랑과 성령의 교통하심이 너희 무리와 함께 있을지어다."

사도 바울이 축복할 때에 예수님의 은혜와 하나님의 사랑과, 성령의 교통하심이 함께 열거되어 있습니다. 사도 바울이 축복기도를 하면서도 성부와 성자와 성령님을 함께 묶어가지고서 축복기도 하는 것은 성령이 신성을 가지고 있다는 것을 말해주는 것입니다.

성령은 성부와 성자보다 하위로 열등하신 분이 아닙니다. 성령님은 전혀 열등하지 않습니다. 신성에 있어서 동등하십니다. 그러나 일의 효율적인 행사를 위해서 성자가 성부에게 자원해서 다음 위치를 가지신 것처럼, 성령도 성부와 성자 다음에 위치를 하십니다. 그러나 모든 면에서 동일하십니다.

이것은 가장 효과적인 행정을 위해서, 효과적인 질서와 일의 효율을 위해서 하나님께서 조직을 했는데, 성자 예수님께서 성부에게 예속을 하셨고, 또 성령께서 성부와 성자의 다음에 위치하십니다.

우리 속담에 "사공이 많으면 배가 산으로 올라간다"고 합니다. 미국 사람들은 "인디안 추장이 많으면 배가 산으로 올라간다"고 말합니다. 그것처럼, 순서가 성부와 성자와 성령으로 있으나, 그분들 모두 하나님이라는 신성에서 똑같고, 신의 속성에도 똑같고, 그분들의 능력이나 모든 것이 똑같지만 일의 효율성을 위해서 성부, 성자, 성령으로 위치했다는 말입니다.

가정도 마찬가지입니다. 남자를 가정의 가장으로 삼아주셨습니다. 그것은 남자가 여자보다 우월하다는 얘기가 아닙니다. 남자가 가장으로서의 책임이 있다는 것입니다. 전체적인 책임과 질서에서 효율성을 얻기 위한 것에 불과합니다.

남자가 여자보다 언제나 더 똑똑합니까? 제 아내를 보면 저보다 똑똑하고, 치밀하고, 훌륭합니다. 그것은 무엇을 말하느냐 하면 여자가 남자보다 못하기 때문에 아내는 남편에게 순복하라는것이 아니라는 것입니다. 그것은 가정의 질서를 위해서입니다.

하나님도 마찬가지입니다. 성부와 성자와 성령이 동등하신 분입니다. 능력과, 속성과, 영광과, 지위가 동일하시나 그 행정적 효율성을 위해서 성부, 성자, 성령이 맡은 일이 다른 것입니다.

제 6 장

창조와 관련된 사역

성령님께서 하시는 일에는 또 어떤 것들이 있습니까? 창조와 관련된 사역이 있습니다. 그리고 성경에 대해서도 성령님이 하신 일이 있고, 예수님과 관련된 사역도 있습니다. 구약에서는 어떻게 성령께서 구약의 인물들과 역사하셨는가를 살펴볼 필요가 있고 그다음에는 성령께서 교회에 관련해서 하신 일도 살펴보아야 합니다. 또 신자와 관련해서 어떤 일을 하고 계시는지, 안 믿는 사람들에 대해서 성령께서 하시는일이 무엇인지도 살펴보겠습니다.

그러면 창조와 관련된 사역을 먼저 살펴보기로 하겠습니다.

창조와 관련된 사역

첫째, 성령님은 성부 성자와 함께 우주창조에 참가하셨습니다.

성부와 성자와 함께 성령께서 맨처음 하신 일은 무엇입니까? 천지창조입니다. 우주를 창조하신 일에 성령께서도 참가하셨습니다. 창세기 1장 1~2절에, "태초에 하나님이 천지를 창조하시니라 땅이 혼돈하고 공허하며 흑암이 깊음 위에 있고 하나님의 신은 수면에 운행하시니라"고 기록되어 있습니다.

그 다음의 3절에 "하나님이 가라사대"라고 해서 말씀이 여기 있었다는 것을 우리는 알 수 있습니다. 이 말씀은 곧 요한복음과 연결이 됩니다.

"태초에 말씀이 계시니라 이 말씀이 하나님과 함께 계셨으니 이 말씀은 곧 하나님이시니라 그가 태초에 하나님과 함께 계셨고 만물이 그로 말미암아 지은 바 되었으니 지은 것이 하나도 그가 없이는 된 것이 없느니라"(요1 : 1~3).

태초에 말씀이 하나님과 함께 계셨고, 이 말씀은 곧 하나님이시며, 만물이 말씀으로 말미암아 창조되었는데, 창조된 것 가운데 하나도 말씀이 없이는 된 것이 없습니다. 그래서 창세기 1절부터 3절 사이에는 하나님 아버지와, 하나님의 신과, 하나님의 말씀, 이 셋이 창조에 관계되었고, 요한복음 1장 1절부터 3절 사이에도 그것이 분명히 나타나있습니다.

창세기에서 "하나님의 신은 수면에 운행하시느니라" 했습니다. 창조의 처음부터 하나님의 신인 성령이 창조의 에너지와, 창조의 미와 창조의 모든 디자인에 역사하셨습니다.

시편 33편 6절 말씀에도 "여호와의 말씀으로 하늘이 지음을 받았다"고 했습니다. 여기서 이 '말씀'은 무엇입니까? 예수 그리스도입니다. 그 다음에 "만상이 그 입기운으로 이루어졌다"고 했습니다. 그 '입기운'이라고 하는 것은 히브리로 '루아흐'이라는 단어로 '호흡'이라는 뜻입니다. 헬라어로는 '프뉴마'입니다. 이 단어는 '뉴모니아'(폐렴)처럼 '바람'이란 뜻도 되고, '입김'이란 뜻도 됩니다. 또한 '기운'이란 말도 되고, '성령'이란 말도 됩니다. 따라서 "만상이 그 입기운으로 이루어졌다"는 것은 '그의 성령으로 지음을 받았다'는 뜻입니다. 성령이 만물을 창조하는 데 관계하셨다는 것이 시편 33편 6절에 나타난 "그 입기운으로 이루어졌다"는 말씀 속에 들어 있습니다.

그 다음에 살펴볼 구절은 시편 104편 30절입니다. "주의 영을 보내어 저희를 창조하사 지면을 새롭게 하시나이다"인데 성령님이 천지를 창조하셨다는 것입니다. 계속해서 욥기 26장 13절을 보겠습니다.

"그 신으로 하늘을 단장하시고."

재미있는 표현입니다. 성령의 사역이 의인화되어 있습니다. 그의 신으로, 즉 하나님의 신, 성령으로 하늘을 단장했다는 것입니다. 단장했다는 것은 무엇입니까? 아름답게 만들었다는 것입니다. 이 세상을 아름답게 하신 것은 성령께서 하신 일입니다. 세상을 아름답게 디자인하시고, 미를 창조하신 것은 성령님의 일입니다.

하나님은 아름다운 것을 좋아하십니다. 아름답게 하시는 일이 바로 성령님께서 하시는 일입니다. 그래서 우리 믿는 사람들도 언제든지 모든 것을 아름답게 합니다. 미를 창조하신 하나님이 우리 안에 계시고 그리스도인의 마음이 아름다우니까 자연히 우리가 만들어내는 것들도 아름다워지는 것입니다. 일례로 근대까지의 유명한 음악들이나 회화들은 대부분이 기독교적인 작품들이었습니다. 지금도 복음성가나 찬송가와 랩 뮤직이니 대중가요를 비교해보면 어느 것이 사람들의 마음을 아름답게 만들어 주는가는 금방 구분이 갑니다.

요즘에는 유행이라고 멋내는 것들이 도무지 운치가 없습니다. 아름다운 것들에는 운치가 있습니다. 요즘에는 멀쩡한 바지를 찢어서 입고 다니는 것이 유행입니다만 이것은 미국의 아주 저질문화가 수입되어온 것에 불과합니다. 여기저기 찢어져 너덜거리는 바지와 헝클어진 머리 어디에 아름다움이 있습니까? 그래서 유럽사람들이 미국 사람들을 보고 상놈이라고 비난하는 것입니다. 미국 사람들은 역사와 전통이 없으니까 제멋대로입니다. 우리가 왜 손가락질받는 미국의 저질유행을 따라야 합니까?

미국에서는 학생들이 등교를 하는데 경찰들이 문 앞을 지키고 서서 무기탐지기를 가지고 검색을 합니다. 총을 가지고 들어와서 학교 안에서 저희들끼리 싸우고 죽이니까 경찰이 등교때마다 검색을 하는 겁니다. 동구라파도 마찬가지입니다. 무슨 스킨 헤드라는 그룹이 있어서 조랑말처럼 이상하게 머리 깍고 다닙니다. 세상이 점점 어지러워지고 있습니다.

그러나 믿는 사람은 언제봐도 산뜻하고, 언제봐도 단정합니다. 왜 그렇습니까? 성령이 그 안에 사시니까 그렇습니다. 아름다움을 만드신 분이 성령님이기 때문입니다.

성령님이 만드신 하늘을 보십시오. 얼마나 아름답습니까? 성령님이 만드신 별들과 무지개를 보십시오. 아름답지 않습니까? 그래서 우리 믿는 사람들도 어디에다 갖다 놓아도 멋이 있어야 됩니다. 말을 해도 멋있게 하고, 우리 행동 몸가짐이나 삶이 안 믿는 사람들이 보기에 멋이 있어야 합니다.

미국에 가면 갈보리교회라는 교회가 캘리포니아에 있습니다. 그 교회는 옛날의 히피들이 예수 믿어서 만들어진 교회입니다. 옛날의 히피들은 길바닥에 천막 쳐놓고 그 안에서 자고, 담배도 아니고 마약 같은 것을 피고 아주 엉망이었습니다. 그런데 그 사람들이 예수를 믿게 되어서 사람들이 깨끗해져 버렸습니다. 성령은 모든 것을 아름답게 만듭니다. 성령은 좋게 만들고, 멋있게 만드십니다.

"하늘을 단장하시고." 단장한다는 말은 예쁘게 만드는 것입니다. 이것이 성령님이 하시는 일입니다. 환경을 보호하고, 아름답게 만들어 가는 운동은 믿는 사람들이 해야 하는 운동입니다. 아름다움은 믿는 사람들의 특징입니다. 우리는 파괴적이 아니고, 건설적입니다.

말도 마찬가지입니다. 믿는 사람들은 말도 곱게 해야 됩니다. 남이 들어서 기분 나쁜 얘기들, 남이 들어서 낙심하는 얘기들, 속상한 얘기들,

남이 들어서 화나는 얘기들을 해서는 안됩니다. 화를 심하게 내면 머리의 뇌 세포가 몇 배나 더 많이 죽어버립니다. 상대방이 화를 내도록 만드는 일은 사람을 천천히 죽이는 것입니다. 살인입니다. 다른 세포들은 재생되어도 죽은 뇌세포는 다시 살아나지 않습니다.

그러나 평화가 있고, 웃음이 있고, 기쁨이 있고, 참 즐거움이 우리 마음 속에 있으면 생명력이 더 좋아지고, 또 주름살이 덜 늘어납니다. 이것이 우리 믿는 사람들의 멋입니다. 그리스도 안에 계신 성령님과 함께 사는 삶의 아름다움이 기독교인들에게 있습니다.

저는 주일날 교인들을 보는 것을 참 즐겁게 여깁니다. 교인들이 모일 때 문앞에서 인사하면서 저는 성도들의 눈을 자꾸 눈을 쳐다봅니다. 어떤 때는 무안해서 고개 숙이고 나가는 분도 계시지만 저는 교인들의 눈을 쳐다보기 좋아합니다. 늘 보는데도 좋습니다. 믿는 이들의 눈빛들이 깨끗하고 산뜻해서입니다.

저는 비싼 옷을 입은 걸 별로 중요하다고 생각하지 않습니다. 왜냐? 우리는 성령님을 모시고 사는 우리 몸이 성령님의 전입니다. 우리는 하나님의 대표하는 사람들입니다. 예수 그리스도를 대표하는 사람들입니다. 우리는 만왕의 왕의 전권 대사들입니다. 그리스도의 대사입니다. 그러니까 대사답게 몸가짐하고, 대사답게 말하고 행동함으로 우리 아이들이 멋있게 되는 것은 바로 성령님께서 단장해 주시는 것입니다.

둘째, 성령님은 창조의 세계를 보존하십니다.

이 창조의 세계가 보존되어 나가는 것, 이렇게 지속되는 것은 성령께서 하시는 일입니다. 시편 104편 30절에는 성령을 보내서 우주 만물을 새롭게 하신다는 것을 보여주고 있습니다. 영어로 새롭게 한다는 것을 'renew'라고 합니다. new는 새롭다는 뜻이고 접두사 re-는 다시, 한번 더 라는 뜻입니다. 다시 한번 더 새롭게 하신다는 것입니다.

가을이 되면 낙엽이 떨어졌다가 봄이 되면 새싹이 나는 일은 누가 하신 일입니까? 성령께서 하시는 일입니다. 하나님은 탁한 공기를 비로 싹 씻어주시고, 새롭게 하십니다. 강 속에 이끼 같은 것을 두셔서 우리가 버린 더러운 물들을 깨끗하게 하십니다. 또 좋지 않은 물들을 증발시켜 좋은 것만 하늘로 올라갔다 비로 내려주셔서 개울물을 만들어 주십니다. 이렇게 온 우주를 늘 새롭게 해주시는 분이 성령님입니다.

또 그뿐이 아니고 성령은 생성과정 속에서도 역사하십니다. 욥기 33장 4절에 보니까 "하나님의 신이 나를 지으셨다"고 했습니다. 또 "전능자의 기운이 나를 살리신다"고 했습니다. '죽었는데 다시 살린다'가 아니고 '살려두신다'는 말입니다. 우리들이 오늘 이 시간에 살아있는 것도 성령님께서 우리들의 생명을 보존해 주셔서 그렇다는 것입니다. 우리가 살아있는 것도 하나님의 신이 하시는 것입니다.

성령은 파괴적인 것에도 역사하십니다. 이사야서 40장 7절을 보겠습니다.

"풀은 마르고 꽃은 시듦은 여호와의 기운이 그 위에 붊이라 이 백성은 실로 풀이로다."

풀은 마르고 꽃은 시들기 마련입니다. 이 마름과 시듦 위에 성령께서 역사하십니다. 꽃이 마르고 풀이 시들면 또다시 파랗게 하시고, 움나게 하시고, 또 피게 하시는 분이 성령님입니다. "내 백성은 풀과 같다"고 주님은 말씀하셨습니다. 사람은 이 풀과같습니다.

우리가 불순종하고, 범죄해서 하나님의 영광을 땅에 떨어뜨리면 하나님의 영의 바람이 불어와 모든 것을 시들게 하십니다. 교회도 마찬가지입니다. 요한계시록에는 "성령이 교회에 하시는 말씀을 들을지어다" 말씀하신 뒤, "네가 듣지 않으면 내가 촛대를 옮겨 버리겠다"고 여러번 경고를 하셨습니다. 그런데도 말씀을 듣지 않는 교회들은 주님께서 촛대를 옮겨 버려서 아시아의 일곱 교회는 사라져 버렸습니다.

그래서 교회도 하나님께서 축복하실 때에 더욱더 겸손해야 합니다. 축복하실 때에 더 겸손하고, 축복하실 때에 더 기도하고, 축복하실 때에 더 사랑하고, 축복하실 때에 더 말씀을 사모하고, 축복하실 때에 더 예배에 열심이어야 합니다. 성령의 바람이 우리를 향하여, 우리를 위하여 불 때 감사하고 주님을 더 사랑하고, 더 말씀에 열심이고, 더 순종하려고 애를 써야 합니다.

우리의 가정도 마찬가지입니다. 가정도 하나님께서 은혜주실 때에 은혜주신 그 은총이 하나님의 은총인 줄 알고 감사하고, 하나님께 영광돌리고, 하나님께 찬양해야 합니다. 이것이 하나님의 은혜인 줄 모르고 교만해져 버리면 하나님의 바람이 반대방향으로 옮겨버리면 건강도 생명도 가정도 사업도 모든 것이 시들어 버립니다. 하나님의 신은 파괴적인 과정 속에도 역사하시기 때문에 우리는 늘 깨어서 조심해야 됩니다.

세째, 성령님은 모든 에너지와 자연질서의 근원입니다.

성령님은 자연 속에서 역사하시면서 창조의 세계를 보존하실 뿐만 아니라 모든 에너지와 자연 질서의 근원이 되십니다. 창세기 1장 2절에서 여호와의 신이 물 위에서 어떻게 한다고 했습니까? 운행한다고 했습니다. '운행'이라는 그 단어는 무슨 단어냐 하면 '에너지'라는 단어입니다. '물 위에서 에너지화했다'는 것입니다.

이 세상에는 여러가지 에너지가 있습니다. 물에 에너지를 가하면 어떻게 됩니까? 물이 파도가 됩니다. 그것이 물의 파장(water wave)입니다. 파장(wave)이라고 하는 것은 전부 에너지입니다.

소리도 마찬가지입니다. 말한다고 해서 그냥 말이 나가는 것은 아닙니다. 말이 파장을 일으켜서 이 음파(sound wave)가 멀리까지 전달되는 것입니다. 소리에 에너지를 가한 것입니다.

전기도 에너지입니다. 전파(electric wave)가 바로 전기의 에너지입니다. 빛에도 파장이 있는데 그 빛의 파장(light wave)이 에너지가 되어서 파장이 되면 멀리까지 움직여 나가서 결국은 환하게 되는 것입니다. 또 자력(magnetic wave)도 에너지입니다. 모든 것이 다 에너지입니다.

몸을 움직이는 것도 마찬가지입니다. 팔 하나를 움직이고, 몸 하나를 움직여도 꼭 에너지가 들어갑니다. 그래서 또 식사를 해서 새로운 에너지를 계속 공급해 주어서 내 몸의 공장에서 에너지를 만들어 주어야 제가 계속 움직일 수 있습니다. 에너지를 너무 많이 쓰면 그만 기진해집니다.

그런데 에너지의 근본적인 근원이 뭐냐? 바로 성령입니다. 창세기 1장 2절을 보면 하나님의 신, 성령님이 에너지의 근원입니다.

네째, 성령님은 미의 원천입니다.

성령님은 미의 원천입니다. 욥기 33장 4절에서 우리는 이미 성령님이 "하늘을 단장하신다"는 것을 알아보았습니다. 단장한다는 것은 아름답게 꾸민다는 것입니다. 모든 아름다운 것은 성령님의 역사하심이었습니다. 그런데 인간이 범죄하고 이 창조의 세계에 죄가 들어와서 하나님의 아름다운 세계를 파괴합니다.

죄가 들어오는 곳에는 반드시 파괴가 있습니다. 개인에게도 벌써 죄가 들어오면, 성령을 슬프게 하고, 성령을 섭섭하게 하고, 성령을 거역하고, 이렇게 하면 그 사람의 생애가 파괴됩니다. 몸도 파괴되고, 마음도 파괴되고, 영혼도 파괴되고, 인간관계도 파괴되고, 가정도 파괴되고, 직장도 파괴되고, 무엇이든지 파괴되고 맙니다.

질서와 아름다움을 파괴하는 것은 하나님이 원하시는 것이 아닙니다. 오히려 성령님은 좋은 것, 아름다운 것의 원천입니다. 성령께서는 창조와 미와 관련되는 일을 하셨습니다.

성경과 관련된 사역

첫째, 성령님은 성경의 저자입니다.

성경에 관련된 성령의 사역이 있습니다. 사무엘후서 23장 2절에 보면 다윗의 시에 대한 얘기가 나옵니다. 다윗은 성경 사상 가장 뛰어난 시인 아닙니까? 거기에 보면 다윗이 이런 말을 했습니다.

"여호와의 신이 나를 빙자하여 말씀하심이여 그 말씀이 내 혀에 있도다."

시편 전체는 150편입니다. 150편 중에 절반 이상이 다윗이 쓴 시입니다. 다윗은 이스라엘의 시인으로 알려져 있습니다. 그런데 다윗이 시를 쓴 것을 두고서 스스로 말하기를 "여호와의 신이 나를 빙자"했다고 했습니다. '빙자했다'는 것은 '여호와의 신이 나를 통해서 말씀하셨다'는 의미입니다.

그리고 "그 말씀이(즉, 여호와의 신의 말씀이) 내 혀에 있도다"라고 노래했습니다. 나를 움직여서 내 머리를 주관하시고, 내 입술을 주관해서, 여호와의 신이 말씀하셨다는 것입니다.

우리가 에스겔서, 예레미야서, 이사야서 등 여러 그 예언서들을 읽어보면 자꾸 반복되는 표현이 있습니다. 그것은 "여호와께서 말씀을 내 입에 넣어 주었다"는 표현입니다. 여호와께서 그 선지자의 입에 말씀을 넣어가지고, 코카콜라 통에다 넣고 막 흔들어 놓은 것처럼 뚜껑을 열면 말씀이 터져나오는 것입니다. 하나님의 영이 그 선지자의 입에 말씀을 넣어가지고 막 흔들어 놓으니까 말 안하고 싶어도 어쩔 수 없습니다.

선지자 발람 얘기가 그렇습니다. 발람이 이스라엘을 저주하려고 그러는데 하나님의 영이 그 안에서 방향을 바꾸어 놓으니까 저주하려고 입을 열었다가 이스라엘을 축복해 버렸습니다. 그래서 바락 왕이 화가 나서 "당신을 저 바벨론부터 여기까지 데려올 때 비용이 얼마나 들었는데 이스라엘을 저주하라고 했더니 오히려 축복한다"고 야단을 칩니다. 그랬더니 발람이 "내가 저주하려고 입을 벌렸는데 축복이 나오니 난들 어떡하란 말이냐"고 되물었습니다.

코카콜라통이 탁 터져서 나가는 것같은 모양을 보고 히브리말로는 '나바'라고 합니다. 나바를 한국말로 예언이라고 번역을 했는데, '예언'이 아니고 '쏟아져 나온다'는 뜻입니다. '마구 쏟아져 나온다. 선포한다'는 의미의 '나바'라는 말은 한국말로 나팔과 발음이 비슷합니다. '나바'는 나팔부는 것처럼 선포하는 것입니다. 예언만이 아닙니다.

우리 한국말로는 예언이라고 번역했습니다만, 예언보다는 선포가 더 정확한 본래의 뜻입니다. 하나님의 영이 그 사람의 입술을 통해서 막 쏟아져 나오는 것을 보고서 선포라는 말을 사용합니다. 그러니 예언보다는 선포라는 말이 훨씬 더 정확한 것입니다. 하나님의 성령이 시키는 말, 그것이 과거에 관한 얘기든, 현재나 미래에 관한 것이든간에 하나님이 원하시는 하나님의 말씀을 선포하는 것이면 다 '나바'에 해당합니다. 구약시대에는 성령께서 이렇게 성경과 관련해서 일하셨습니다.

베드로후서 1장 20~21절에도 그렇게 되어 있습니다.

"먼저 알 것은 경의 모든 예언은 사사로이 풀 것이 아니니 예언은 언제든지 사람의 뜻으로 낸 것이 아니요 오직 성령의 감동함을 입은 사람들이 하나님께 받아 말한 것임이니라."

여기서도 영어로는 prophecy, 한국말로는 '예언' 그랬습니다만 이때 예언은 '하나님의 말씀'이란 뜻입니다. 더 정확히 말하면 '하나님의 선포된 말씀'이란 의미입니다. 그런데 우리가 자꾸 예언이라고 하니까 미래에 대한 얘기 같은데 그게 아닙니다.

"모든 예언은"은 '모든 선포된 하나님의 말씀은'이란 뜻입니다. 말씀은 오직 성령의 감동하심을 입은 사람들이 하나님께로부터 받아서 나가는 것입니다. "성령의 감동함을 입은"(inspired, borne along)이라는 구절이 있는데, 이것은 lifted up and carried along '바짝 들어서 운반한다'는 의미입니다. 그걸 보고서 '감동'이란 단어를 사용했습니다. 성경을 쓴 사람들이 있고, 성경을 말한 사람들이 있는데 그 사람들은 성령께서 친히 그분들을 움직여서 하신 말씀을 기록했다는 것입니다.

"우리가 이것을 말하거니와 사람의 지혜의 가르친 말로 아니하고 오직 성령의 가르치신 것으로 하니 신령한 일은 신령한 것으로 분별하느니라."

고린도전서 2장 13절에서도 '우리가 말하는 것은 오직 성령이 가르치신 것이다'라고 사도 바울은 말했습니다. 성령께서 사도 바울에게 가르쳐줘서 그것을 고린도 교인들에게 말해주고, 가르쳐 주었단 의미입니다.

요한복음 16장 12절부터 13절에서도 '진리의 영이 오시면 모든 진리로 인도해 주신다'고 말씀하고 있습니다. 모든 진리로 인도해 주신다는 것은 모든 진리로 인도해주시고 거기까지 데려다 주신다는 말입니다. 데려다 줄 뿐만 아니라 그 다음에는 "장래일을 알리리라"고 했습니다. 장래일(things to come)이란 앞으로 다가올 일을 말합니다.

앞으로 다가올 일은 어디에 적혀 있습니까? 요한계시록에 있습니다. 요한계시록뿐만 아닙니다만 그래도 요한계시록에 주로 있습니다. 마태복음 24장, 고린도전서 15장, 디모데후서, 데살로니가전서, 베드로후서 등 곳곳에 장래 일이 기록되어 있는데, 그 일을 성령께서 일러주신다는 말입니다. 그러니까 신약성경 특히 계시록이 성령께서 오시면 씌어질 것이라고 예수님은 미리 말씀해 두셨습니다.

요한복음 15장 26~27절에서도 성령이 오시면 "그가 나를(나에 대해서) 증거하실 것이요"(He will bear witness of Me)라고 했는데 성령이 임하셔서 예수님에 대해서 증거하신 기록이 사도행전입니다. 사도행전을 쓰신 분은 물론 누가입니다만 그 뒤에서 그를 움직이시고 역사하신 분이 바로 성령이었다는 것입니다. 그리고 진리의 영이 오신 다음에 27절에 "그리하면 너희도 처음부터 나와 함께 있었으므로 나를 증거하리라"고 말했는데 사도들이 예수에 대해 증언해 놓은 책들이 복음서들이 아닙니까? 또 14장 26절에는 "내가 너희에게 말한 모든 것을 생각나게 하시리라"고 예언하셨는데 예수님의 모든 말씀은 복음서에 대부분이 들어 있습니다.

요한복음 16장 5~15절에 예수님께서 보내 주실 성령께서 하실 일이 나타나 있는데 그 중에 "그가 자의로 말하지 않고 오직 듣는 것을 말하시… 그가 내 영광을 나타내시리니 내 것을 가지고 너희에게 알리겠음이니라"(13~14절)라는 말씀이 있습니다. 여기서 "내 것을 가지고"의 "내 것"이 무엇입니까? 예수님의 생애와 교훈입니다. 즉 예수님에 대한 것을 가지고 진리의 영 곧 성령께서 "너희에게 알린다"(He will disclose it to you)는 말은 알 수 있도록 설명해 준다는 뜻이 있습니다. 성경의 어느 곳에서 예수님을 성도들의 삶에 적용하며 설명을 자세히 해주고 있습니까? 신약성경의 여러 서신들이 아닙니까? 바울 서신, 베드로 서신, 요한 서신, 야고보 서신, 히브리서 등등입니다.

이제 종합해 보면 진리의 영, 즉 성령을 예수님께서 자기를 대신해서 보내주시는데 그 분이 하시는 일들 속에는 여러가지가 있으나 그 중에 신약성경을 써 내실 것을 암시하고 있습니다. 예수님의 하신 말씀(요 14 : 26)은 복음서에 있고 예수님에 대한 증거사역(요 15 : 25~26)은 사도행전에 있고 예수님의 생애와 말씀의 의미를 설명하고 적용해 놓은 것들은 일반서신과 목회서신에 있고 "장래 일"은 요한계시록에 기록되어 있으니 성령의 사역은 구약성경 뿐만이 아니라(딤전 3 : 15~17) 신약

성경의 형성에도 직접 관여한 것을 알 수 있습니다. 결국 성경은 성령께서 저자들을 통하여 이루어 놓으신 책입니다.

또 베드로전서 1장 10절과 11절에 보면, '그리스도의 영이 그리스도의 고난을 증거한다'고 그랬습니다. 하나님의 영이 그리스도의 받으신 고난을 증거해 준다는 것입니다. 그리스도께서 받으신 고난은 어디에 기록되어 있습니까? 사복음서에 있습니다.

요한복음은 전부 21장인데 절반 이상이 예수님의 고난에 대한 것입니다. 1장부터 10장까지는 유대지방과 예루살렘을 중심으로 예수님의 사역을 설명하고 있고, 그다음에 11장부터 21장까지 절반 이상이 예수님의 고난에 대해서 이야기하고 있습니다. 고난 전 일주일에 관해 씌어진 것이 열한 장입니다. 예수님의 고난에 관한 성경의 기록도 성령께서 다 역사하신 것입니다.

그래서 결론적으로 말해보면, 성경은 사람이 썼으나, 성령께서 사실상 저자라는 것입니다. 사람이 했는데, 성령께서 하셨고, 성령께서 했는데 사람이 썼고, 이 둘이 하나로 되어 인간의 말이지만 하나님의 말씀으로 나타나는 것입니다.

마치 어떤 것과 비슷하냐 하면 예수님께서 이땅에 오셨을 때 인간의 모습을 입고 오셨는데, 그분은 하나님이셨습니다. 마찬가지로 성경은 인간의 말인데, 하나님의 말씀입니다. 똑같이 둘 다 성령으로 잉태되었습니다. 예수님도 인간인데 성령으로 잉태되어서 하나님이시고, 성경도 사람의 말인데 성령으로 잉태되어서 하나님의 말씀입니다. 우리는 예수님을 하나님의 아들이라고 하는데, 예수님을 또 말씀이라고도 합니다. 게다가 예수님을 보고도 하나님의 말씀, 성경을 보고도 하나님의 말씀이라고 하는데 그 성격이 비슷합니다. 예수님도 완전하시고 성경도 정확무오합니다.

둘째, 성령님은 성경의 해석자입니다.

성경을 해석해 주시는 분도 역시 성령입니다. 예수님은 '보혜사가 오시면 내 것을 너희에게 보여준다'(disclose)고 하셨습니다. 그래서 성령께서 우리에게 성경을 이해하게 해준다, 해석해서 옳게 가르쳐 준다고 했습니다. 우리 인간이 성경의 해석에 대해 서로 일치가 안되는 것은 우리의 부족 때문입니다. 우리의 지혜의 부족과, 우리의 이해의 부족과, 우리의 영성의 부족과, 우리 자신의 개인 개인의 부족때문에 그런 현상이 나타납니다. "성경은 사사로이 풀이하는 것이 아니다"(벧전 1 : 20)고 하는 데서 보듯이 성경은 성령의 해석에 의하여 참 뜻을 이해하게 됩니다.

하지만 성령께서는 성경을 써 주셨을 뿐만 아니라 그 성경을 설명해 주시고, 해석해 주시기도 합니다. 신학성경에 보면 구약을 얼마나 많이 설명해 놓았는지 모릅니다. 신약성경은 구약의 뜻을 많이 해석해 놓았습니다. 바울의 서신, 베드로의 서신들을 보면 예수님의 말씀과 생애를 잘 설명해놓고 있습니다. 이 모두가 성령님이 가르쳐주신 결과입니다. 성령이 오시면 모든 것을 가르쳐 주신다고 하지 않았습니까?

"오직 하나님이 성령으로 이것을 우리에게 보이셨으니 성령은 모든 것 곧 하나님의 깊은 것이라도 통달하시느니라… 우리가 세상의 영을 받지 아니하고 오직 하나님께로 온 영을 받았으니 이는 우리로 하여금 하나님께서 우리에게 은혜로 주신 것들을 알게 하려 하심이라"(고전 2 : 10~12).

성령은 하나님의 깊은 것, 성경의 깊은 의미까지도 아십니다. 성령은 하나님께서 우리에게 은혜로 주신 성경의 의미를 알 수 있도록 해석해 주십니다. 성경의 저자이신 성령께서 성경의 의미를 해석해 주실 때 우리는 성경의 의미를 가장 정확하게 이해할 수 있습니다.

제 7 장

예수님과 관련된 사역

예수님과 관련된 성령의 사역에는 어떤 것이 있습니까? 성령은 천지 창조와 성경의 기록뿐만이 아니라 예수님의 사역 가운데에서도 관여하셨습니다. 예수님은 이땅에 계시는 동안 인간의 모습을 가지셨는데, 예수님이 하신 일들이나 교훈 전부는 성령의 인도하심과 능력으로 하신 것입니다.

예수님과 관련된 성령의 사역에는 예수님의 잉태에서 부활할 때까지 일곱가지가 있습니다. 예수님의 잉태부터 부활, 처음부터 끝까지 성령께서 역사하셨습니다.

예수님과 관련된 사역

첫째, 기적적인 잉태입니다.

첫째로 성령은 예수님을 기적적으로 잉태하게 했습니다. 누가복음 1장에 보면 천사가 마리아에게 말합니다. "보라 네가 수태하여 아들을 낳으리라." 그러자 마리아가 깜짝 놀라서 물었습니다. "나는 사내를 알지 못하니 어찌 이 일이 있으리이까?" 그러자 천사는 "성령이 네게 임하시고 지극히 높은 이의 능력이 너를 덮으시리니 이러므로 나실 바 거룩한 자는 하나님의 아들이라 일컬으리라"고 대답하셨습니다. 마리아가 잉태된 것이 성령의 특수한 기적적인 역사를 통해서 이루어졌다고 말하고 있습니다.

둘째, 뛰어난 지혜입니다.

예수님께서 사역을 시작하시는 동안 그 지혜가 너무 뛰어났습니다. 이사야서 예언에도 그렇게 되어 있고, 요한복음에서 이사야서 예언의 성취에도 똑같이 나타나 있습니다. 이사야 11장 1절부터 4절에 보면 하나님의 영에 대한 표현이 여러가지로 나타납니다.

"여호와의 신 곧 지혜와 총명의 신이요 모략과 재능의 신이요 지식과 여호와를 경외하는 신이 그 위에 강림하시리니"(사11 : 2).

"여호와의 신," "곧 지혜와 총명의 신"이라고 이사야는 성령을 불렀습니다. 즉 성령은 여호와의 신, 지혜의 신, 총명의 신이라는 것입니다. 지혜(wisdom), 총명(understanding), 모략(counseling)의 신이 바로 성령님입니다. 모략은 요즘말로 하면 상담이라고 번역할 수 있는데, 성령님은 참 지혜가 있으니까 지혜롭게 잘 가르쳐준다는 뜻입니다.

그러니까 우리들에게 문제가 있으면 누구한테 상담하러 가야 할까요? 바로 성령님입니다. 성령께 가서 "성령님이여 나에게 지혜를 주셔서 문제를 잘 해결할 수 있도록 가르쳐 주옵소서" 간구해야 합니다. 그러면 그분이 "가라, 가지 말라. 하라, 하지 말라. 이건 이렇게 해라, 저렇게 해라" 시시때때로 우리를 인도해 주십니다.

또 이사야는 성령을 "재능의 신" "지식의 신"이라고 불렀습니다. 그러니까 공부 잘하려면 성령님을 의존해야 합니다. 저도 어려서 그런 걸 배워서 감사하게 생각합니다만, 공부할 때마다 꼭 기도하고 공부하고,

책 읽기 전에 기도하고 책을 읽었습니다. 시험준비할 때 기도하고 시험 준비하고, 또 시험치러 갈 때도 기도하면서 가고, 또 시험장에 도착해서도 기도하고, 또 시험지 받고 쓰기 전에 기도하고, 평생 그렇게 기도했습니다. 어릴 때부터 제가 박사학위 끝날 때까지 계속해서 기도하면서 그렇게 공부했습니다. 제가 어릴 때 주일학교에서 그렇게 가르쳐 주셨습니다. 선생님들이, 또 목사님도 그렇게 하라고 하셔서 저는 그대로 순종을 해봤습니다.

순종을 하면서도 어떤 때는 B를 맞았습니다. 제가 공부를 하지 않고 머리에 집어 넣지 않은 것을 알려 달라고 해도 안 들어간 것이 나올 수는 없었습니다. 그러나 저는 기도했습니다. 공부하지 않은 것을 알려 달라고 하는 기도는 한번도 안해 보았습니다. "제가 공부한 것을 최대한 기억할 수 있게 하여 주옵소서" 그렇게 기도했습니다. 최선을 다하게 해달라고 늘 기도했습니다.

우리의 아이들도 마찬가지입니다. 어려서부터 성령을 의지하는 것을 집에서 가르쳐야 합니다. 그렇다고 제가 공부를 잘했다기보다는 무엇을 잘 했다고 생각하느냐 하면 성령님께 기도한 것입니다. 제가 A를 받았다면 성령님께서 저를 도와주신 것입니다. 성령님은 지식의 영이십니다.

요한복음 7장 15절에 보면 예수님께서 말씀을 가르치시니까 사람들이 하는 말이 "저 사람이 학교도 안 다녔는데 어떻게 저렇게 교육을 많이 받은 사람 같으냐?"고 물었습니다. 학교도 다니지 않은 예수님이 교육받은 사람들보다도 더 지혜로웠던 것은 성령의 지혜때문이었습니다.

제 어머니는 옛날 분이어서 국민학교 밖에 못 다닌 분입니다. 그런데 참 지혜가 많으십니다. 우리가 꼼짝을 못합니다. 만날 때마다 제가 어머니로부터 감동을 받고는 합니다. 제가 북한을 방문했을 때, 어머니를 평양에서 제 아내와 함께 만났습니다. 제 아내가 질문을 했습니다. "어머니는 어떻게 그렇게 아는 게 많으세요?" 그러니까 어머니가 하신 말씀이

"주일학교를 다녀서 그렇다"고 대답하셨습니다. 그래서 "그 옛날 어릴 때 어떻게 주일학교를 갔습니까?" 그랬더니 시골에서 교회를 갈려고 어릴 때 20리나 되는 길을 산을 넘어서 교회에 다니셨다고 합니다.

그런데 아는 게 어떻게 많으시고, 어떻게 판단이 빠르신지 지혜가 아주 많으셨습니다. 어머니와 저는 어머니가 45세때, 6·25로 헤어졌습니다. 지금 어머니는 88세가 되셨지만 그 지혜는 더욱더 왕성하십니다. 그것은 어머님이 주일학교에 다녔기 때문에 그렇답니다. 북한에 있는 제 동생들도 어머니 앞에서 꼼짝을 못합니다. 어머니가 아는 것도 많으시고, 얼마나 지혜가 높은지 도무지 아무도 감당할 사람이 없다고 그럽니다. 그런데 그걸 어머니는 교회다녔기 때문에 그렇다는 것입니다. 그런 것을 보면 성령께서는 우리에게 참 지혜를 줄 수 있다는 것입니다.

세째, 강렬한 설교입니다.

강렬한 설교도 예수님 사역의 주요한 한 특징이었습니다. 누가복음 4장 22절에 "저희가 다 그를 증거하고 그 입으로 나오는바 은혜로운 말을 기이히 여겨 가로되 이 사람이 요셉의 아들이 아니냐"하고 많은 사람들이 놀라고 있습니다. 입만 여시면 사람들의 마음이 움직이고 사람들이 감동을 받는 말씀은 어떻게 가능했느냐? 성령께서 그렇게 역사하셨기 때문입니다.

요한복음 7장 45~46절을 살펴보겠습니다.

"하속들이 대제사장들과 바리새인들에게로 오니 저희가 묻되 어찌하여 잡아 오지 않았느냐 하속들이 대답하되 그 사람의 말하는 것처럼 말한 사람은 이때까지 없었나니이다."

대제사장들이 군인들에게 예수님을 잡아오라고 했습니다. 그랬더니 잡으러 갔던 군인들이 설교를 듣고 감동받아 예수님을 잡아오지를 않았습니다. 그래서 "너희들 왜 안 잡아 왔느냐? 예수를 잡으라고 보냈는데." 물었더니 이 사람들이 "아휴! 우리는 일평생 그분의 말처럼 권위있게 말하는 사람을 아직까지 한번도 못 들어보았습니다" 하고 대답했습니다. 그래서 "너희도 그 사람의 제자가 될 판이냐?"고 군인들이 야단을 맞은 적이 있습니다. 예수님이 그처럼 감동적이었던 것은 성령님의 역사하심이었습니다. 우리들도 마찬가지입니다.

지난 주일날 미국에서 집사님 한분이 오셨습니다. 이 집사님은 10년 전부터 빈털털이였습니다. 집이 다 불에 타서 돈 한푼없이 자동차 안에서 잔 사람입니다. 이분이 10년 동안에 엄청난 부자가 되었습니다. 사업에 손만 대면 번창했습니다. 그래서 지난 주일에 오셨기에 어떻게 왔느냐고 물으니까, 인도네시아에 있는 큰 호텔을 사려고 가는 중이라고 했습니다. 이분은 사업하러 갈 때마다 기도하고, 사업가와 말하기 전에 하나님께 기도했습니다. "하나님이여 나에게 은혜를 주시고, 지혜를 주옵소서." 그랬더니 자기는 영어도 제대로 못하는데 말만 하면 기도한대로 되었습니다. 돈도 빌려 주겠다고 하고, 사겠다고 하고, 그저 손만 대면 잘됩니다. 그래서 그 집사님 말이 "이것은 내가 한 것이 아니다"라는 것입니다. 10년전에는 집도 없어서 자동차 안에서 자기 식구들을 데리고 자던 사람이 인도네시아에서 호텔을 운영해서 나오는 그 이익금을 가지고 선교를 하겠다는 것입니다.

성령님께서는 구하는 자에게 지혜를 줄 수 있고, 능력을 주시는 분이십니다.

네째, 능력있는 사역입니다.

성령님은 또한 귀신을 쫓아내는 능력있는 사역을 감당하도록 능력을 주시는 분입니다. 마태복음 12장 28절에 잘 나타나 있습니다.

"그러나 내가 하나님의 성령을 힘입어 귀신을 쫓아내는 것이면 하나님의 나라가 이미 너희에게 임하였느니라."

여기서 보면 예수님이 귀신을 쫓아내는 능력있는 사역을 행하신 것도 성령의 능력을 힘입은 것임을 예수님 스스로 말씀하셨습니다. 지금도 마찬가지입니다. 우리가 진정으로 성령님의 능력을 덧입는다면 지금도 귀신을 쫓는 능력있는 사역은 일어날 수 있습니다.

다섯째, 승리적인 삶입니다.

"예수께서 성령의 충만함을 입어 요단강에서 돌아오사 광야에서 사십 일동안 성령에게 이끌리시며 마귀에게 시험을 받으시더라"고 누가복음 1장 1~2절은 말씀하고 있습니다. 계속해서 누가복음 4장을 살펴보면 우리가 잘 아는 바와 같이 예수님은 마귀의 시험을 이기고 승리하십니다. 40일을 금식하고도 마귀를 이기고, 유혹을 이기는 것은 성령의 충만함이 있는 까닭입니다.

지금도 마찬가지입니다. 우리가 세상에서 온갖 시험과 유혹으로부터 이겨내고 승리하려면 성령의 도움을 받아야 합니다. **성령의 충만함을 입는 것이 바로 승리의 삶을 사는 비결인 것입니다.**

여섯째, 대속적인 죽음입니다.

히브리서 9장 14절에는 "하물며 성령으로 말미암아 흠없는 자기를 하나님께 드린 그리스도의 피"라고 말씀하고 있습니다. 그리스도께서 성령으로 대속의 죽음을 죽으셨다는 것입니다.

죄인을 위하여 어떻게 대신 죽습니까? 죄 없는 분이 죄가 있다고 인정을 받고, 의인이 악인으로 인정을 받고, 인간의 모든 죄를 자기가 뒤집어 쓰고 돌아가심으로 대속은 이루어집니다. 그 대속의 죽음은 성령으로만 가능한 것입니다.

일곱째, 영광스러운 부활입니다.

부활도 마찬가지입니다. 성령이 죽음에서 일으키셨습니다. 성령의 능력으로 죽은 자 가운데서 예수님을 살렸습니다. 그래서 예수님은 태어나실 때부터 돌아가시고, 부활하실 때까지 전부가 다 성령으로 사셨습니다. 말씀을 가르칠 때마다 성령님을 의존해서 가르치셨습니다.

성령님의 능력으로, 성령님의 지혜로, 모든 일을 일생토록 완전히 성령님과 예수님이 하나가 되셔서 사셨기 때문에 오늘까지도 그분의 인생이 온 세계에 영향을 주고 오늘도 개인의 삶에도 도전을 주고 있는 것입니다. 예수께서는 이땅에 사시는 동안, 인간으로서의 모습으로 사셨는데, 그분이 하신 일이나 그분의 교훈 전체가 성령의 인도하심과 능력으로 하신 것입니다.

그러므로 예수님의 사역은 바로 성령님의 역사였습니다.

구약의 인물들과 관련된 사역

성령은 구약의 인물들과 관련된 사역에도 역사하셨습니다. 구약에 등장하는 위대한 인물들에게는 늘 성령님이 함께 하였습니다. 성경에는 성령과 구약의 인물들과 관련된 사역이 88회나 등장하고 있습니다.

그러면 구약이 인물들과 관련하여 성령님이 어떻게 사역하셨는지를 살펴보도록 하겠습니다.

첫째, 성령님은 인간의 죄를 대항하여 싸우셨습니다.

창세기 6장 3절에 보면, 인류가 노아의 가족만 빼놓고는 모두가 다 타락했을 때, "여호와께서 가라사대 나의 신이 영원히 사람과 함께 하지 아니하리니"라고 말씀하셨습니다. 그런데 여기서 한국 성경번역이 정확하지 않습니다. "함께 하지 않겠다"고 하는 말은 최근 영어번역 성경만해도 훨씬 더 정확하게 "I will not strive with man"이라고 밝혀져 있습니다. 'strive with'이란 '싸우다, 애쓰다, 노력하다'라는 뜻이 있는데 악한 인간을 두고 하는 말입니다.

하나님께서 그동안에 노아를 통해서 인간을 악에서부터 돌이키려고 그렇게 애를 쓰셨는데 안 들으니까 인간을 포기하신 것이었습니다. 그것이 인류의 멸망이었습니다. 노아의 식구들만 빼놓고 모든 인간은 멸망했습니다.

요한복음 15장에서도 보면 성령께서 죄인들과 이 세상을 향하여 나무라시고, 책망하시고, 심판하십니다. 이 세상을 향하여, 악을 대항하여 성령님께서 투쟁하신다고 그랬습니다.

우리 믿는 사람도 범죄할 수 있습니다. 죄성이 있기 때문에 우리 믿는 사람도 타락할 수 있고, 또 넘어질 수 있습니다. 그래서 우리가 범죄했을 때 목사님들, 구역장들, 믿는 친구가 찾아와서 권고하고 권면하면 죄로부터 돌이킬 수 있어야 합니다. 말씀으로 권하고, 참 사랑으로 찾아오고, 기도로 권하면 빨리 죄로부터 돌아서야 합니다. 만약에 성령님께서 말씀하시고 인도하시는데 안 듣고 계속 거역하면 우리에게 남은 것은 하나님의 심판뿐입니다. 하나님의 법정에서 우리는 반드시 우리의 회개치 않은 죄를 심판받게 됩니다.

둘째, 성령님은 특정한 목적을 위해 임시적으로 임하셨습니다.

구약에는 '성령이 그에게 임했다'는 표현이 자주 나타납니다. 그리고 하나님의 영이 그 사람 위에 임하면 여러가지 사건들이 일어났습니다. 성령님의 강림에는 다음과 같은 다양한 목적들이 있었습니다.

(1) 정치적 목적을 위해 임하셨습니다.

어떤 사람에게는 정치적인 능력을 주시려고 나타나셨는데 기드온, 사울 등에게 임할 때가 그런 경우였습니다. 하나님의 영이 임하면 그 사람의 정치적인 능력이 뛰어나게 변모했습니다. 고린도전서 12장 28절에도 성령의 여러가지 은사 가운데 다스리는 은사가 있음을 가르쳐주고 있습니다. 다스리는 은사가 바로 정치적 목적을 위해 성령님이 주시는 은사입니다.

(2) 군사 지휘력을 위해 임하셨습니다.

성령께서 사울에게 임해서 오른쪽 눈을 다 빼겠다는 적군을 무찔러서 승리하게 하셨습니다. 사울이 왕이 되었을 때 사실 사울의 군대는 형편 없었습니다. 600명의 농부들이 갈고리와 곡괭이 가지고 모였으니 당연히 보잘 것이 없었습니다.

그래서 적이 쳐들어 오게 되자 "화해하자"고 제안을 했더니 적장이 하는 말이 "평화조약을 맺자. 그러나 조건이 하나 있는데 남자들의 오른쪽 눈을 전부 다 빼겠다"고 했습니다. 왜 남자들의 오른쪽 눈을 빼자고 했을까요? 활 쏠 때 왼쪽 눈을 감고 쏘니까 오른쪽 눈은 활을 쏘는 눈입니다. 그 눈을 빼야 전쟁을 못합니다.

사울이 듣더니 '이럴 수가 있나?' 하고 공의로운 분노를 일으켰습니다. 그래서 하나님의 신이 그에게 임하여 싸움 한번도 못해본 사울이 적을 완전히 무찔렀습니다. 그것 때문에 사울이 이스라엘의 왕으로 부각되었습니다.

사울은 원래 수줍은 사람이였습니다. 보통사람보다 어깨에서부터 목만큼 더 키가 크고 잘생겼습니다. 그러나 사울왕은 자기의 대관식을 하는 데 오라고 해도 가지를 않았습니다. 백성들이 다 모여 있는데 왕만 안 나타난 것입니다. 그래서 어디 갔나 부하들을 보내서 사방에 찾았더니 저 구석에 지방에서 올라온 손님들이 가져온 짐이 잔뜩 있는데, 그 짐 속에 들어가서 머리를 박고 숨어 있었습니다. 왜 그랬습니까? 창피해서 못 가겠다는 것이었습니다.

사울이 그런 사람이었습니다. 그래 가지고는 왕으로서의 역할을 감당할 수 없으니까 하나님의 영이 그 위에 임하여, 완전히 적을 무찌르고 당당한 이스라엘의 왕으로서 출발을 하게 했습니다.

(3) 탁월한 육체의 힘을 위해 임하셨습니다.

탁월한 육체적인 힘은 삼손의 이야기입니다. 사사기 14장과 15장에 걸쳐 삼손의 이야기가 나오는데 마지막에 가서 하나님의 영이 그에게 임하여, 삼손은 죽으면서도 건물을 무너뜨리고 죽습니다. 이렇게 성령님은 오셔서 어떤 이들에게는 때때로 탁월한 육체의 힘을 주셨습니다.

(4) 예술적 능력을 위해 임하셨습니다.

출애굽기 31장에 성막을 짓는 얘기가 나옵니다. 바로 이 성막을 지을 때 하나님의 영이 임하셨습니다. 그래서 그때 몇 사람에게 하나님의 영이 임했고 그 사람들이 성막을 디자인하고, 깎고, 조각하고, 만들어낸 것입니다. 아주 정묘한 기술을 하나님께서 주셨습니다. 음악, 미술, 디자인 등 예술 분야에서 최고로 잘 하려면 성령님을 의존해야 합니다.

성령님이 예술적 능력을 주셔서 아주 기가 막히게 성막을 지었고, 또 후에는 솔로몬의 성전을 지었습니다. 그래서 예술을 하는 사람은 어려서부터 성령님을 의존해서 그분에게 지혜와 능력을 구하는 것은 좋은 일입니다.

(5) 문학과 음악적 표현력을 위해 임하셨습니다.

문학적인 것과 음악적인 표현을 하는 것도 마찬가지입니다. 다윗의 경우를 보면 하나님의 영이 다윗에게 임했기 때문에 다윗이 수많은 시를 썼고, 수금을 연주하자 악령이 떠나버렸습니다.

음악의 영향이라는 것은 굉장합니다. 여러분들이 어떤 음악을 듣는가에 따라서 여러분의 인격과, 여러분들의 성품과, 여러분의 기호가 결정이 되어버립니다. 따라서 우리는 좋은 음악을 들어야 합니다. 평화를 주고, 즐거움을 주고, 나의 마음을 환하게 해주는 그런 음악을 들어서 우리 인격을 잘 기르는 데 도움이 돼야 합니다.

저는 최근 논문을 하나 읽었습니다. 음악대학 석사논문인데, 이 사람은 클래식음악과 락큰롤 2개를 틀어놓고 실험을 했습니다. 그런데 클래식을 틀어 놓으면 풀이 싱싱하게 살아나는데, 락큰롤을 틀어 놓으면 죽었습니다. 심지어 풀도 죽는데 사람의 영, 사람의 심성도 죽습니다. 문학가와 음악가들은 특히 성령을 의존하십시오.

(6) 도덕적, 영적 용기를 일으켜 주십니다.

선지자들의 활동에는 언제나 성령님이 주시는 강한 도덕적 내지 영적 용기가 뒷받침되어 있었습니다. 역대하 24장 20절을 보겠습니다.

> "이에 하나님의 신이 제사장 여호야다의 아들 스가랴를 감동시키시매 저가 백성 앞에 높이 서서 저희에게 이르되 여호와께서 말씀하시기를 너희가 어찌하여 여호와의 명령을 거역하여 스스로 형봉지 못하게 하셨나니 너희가 여호와를 버린고로 여호와께서도 너희를 버리셨느니라."

이 말씀을 통해 우리는 스가랴의 용기가 얼마나 대단한 것인가를 알 수 있습니다. 스가랴는 단신으로 타락한 이스라엘 백성들 앞에 서서 그들의 죄악을 통렬하게 지적하고 심판을 선포했습니다. 결국 이 일 때문에 죽임을 당하고 만 스가랴의 사역에는 성령님의 감동하심이 있었던 것입니다.

(7) 선지자의 사역과 성경 저작을 위해 일하십니다.

베드로후서 1장 21절에서는 "예언은 언제든지 사람의 뜻으로 낸 것이 아니요 오직 성령의 감동하심을 입은 사람들이 하나님께 받아 말한 것임"을 분명히 밝히고 있습니다. 베드로후서의 말씀과 같이, 구약시대 선지자들의 사역과 성경 저작 과정 속에는 성령의 감동하심을 입은 사람들, 예를 들어 이사야, 에스겔 등의 역할이 두드러졌습니다. 그러나 이들의 경우에서도 그들 스스로가 밝히고 있는 것처럼 선지자들은 하나님과 우리들 인간 사이의 매개자일 뿐이었고 실제로 성경을 저작하는 일은 성령님이 주도하셨던 것입니다.

따라서 오늘날에도 우리는 모든 사역의 주체이신 성령님을 더욱 의지하고, 성경의 해석에 있어서도 성경의 실질적 저자이신 성령님의 조명을 더욱 구해야 하는 것입니다.

세째, 구약시대 성령의 사역에는 다음과 같은 특징이 있습니다.

(1) 구약시대에는 성령의 은사가 특수한 사역을 위해서 선택된 사람들에게 주어졌을 뿐 누구에게나 보편적으로 주어진 것은 아닙니다.

구약시대의 성령의 사역을 우리가 다시 종합해 보면, 특수 사역을 위해서 구약시대 사람들에게 성령의 은사는 선택적으로 주어졌습니다. 성령의 은사는 누구에게나 다 주어진 것은 아닙니다. 그러나 신약시대에는 성령께서 원하시는 대로 누구에게나 성령의 은사는 하나씩 다 주어졌습니다.

성령님은 우리들에게 성령님이 원하시는대로 은사를 주셨습니다. 성령님이 원하시는대로 주셨지 우리가 원하는 은사대로 준 것은 아닙니다. 성령께서 절대적인 주권적으로 각자에게 다 은사를 주셨습니다.

그런데 구약시대는 그렇지 않았습니다. 특정하게 어떤 사람들에게만 임했습니다. 어떤 때는 성령의 은사는 그 사람에게서 떠나버리기도 했습니다.

(2) 성령의 은사가 언제나 도덕적, 영적 인격을 갖춘 사람에게 주어진 것은 아닙니다.

삼손의 경우, 발람의 경우, 사울의 경우가 그렇습니다. 이 사람들에게 성령이 임했을 때는 하나님의 놀라운 역사가 나타났지만 나중에 이 사람들이 도덕적으로 타락했을 때는 성령님은 떠나버렸습니다.

(3) 구약시대에는 성령의 은사가 언제나 영구적인 것은 아니었습니다.
시편 51편 11절에 다윗의 참회의 시를 보면 잘 드러나 있습니다. 다윗은 자기가 범죄한 후 시편 32편과 시편 51편, 2개의 참회의 시를 썼습니다. 51편 11절에 보면 "여호와여 나에게서 여호와의 신을 나에게서 거두지 마옵소서"라고 간구하는 부분이 있습니다.

하나님의 영이 다윗의 삶 속에 임했기 때문에 다윗은 지혜롭고, 인간관계가 좋았습니다. 음악적으로도 은총을 받았습니다. 또 군인으로, 정치가로서도 은총을 받았습니다. 자기 자신에 대한 자신감에도 은총받고, 용기에도 은총받고, 다윗만큼 많은 성령의 은혜를 받은 사람은 별로 없었습니다. 그런데 다윗이 하나님 앞에 범죄했습니다. 구약시대에는 범죄하면 그 사람에게서 하나님의 영이 떠나기도 했습니다. 그래서 다윗은 하나님의 영이 떠나지 말라고 기도했던 것입니다.

네째, 신약시대는 구약시대와는 다음과 같이 달라졌습니다.

(1) 신약시대에는 구속함을 받는 모든 성도는 성령의 은사를 언제나 소유하고 있습니다(롬 12 : 3~8 ; 고전 12 : 7~11).
구약시대에는 성령이 특정한 이에게 임했다가 떠나버렸습니다. 지금은 그렇지 않습니다. 지금은 성령님이 우리 안에 영원히 있습니다. 그래서 지금과 구약시대에 나오는 표현과는 차이가 있습니다.

구약에서는 영구적인 것이 아니었습니다. 신약시대에 비교하면서 같이 살펴봅시다. 로마서 12장과 고린도전서 12장에 성령의 은사에 대해서 써놓았습니다. 우리 모두에게 성령께서 이 은사들을 주셨습니다. 그러므로 우리는 성령께서 우리 각자에게 주신 은혜를 발견해서 그대로 개발함으로써 우리 자신을 더욱 훈련할 필요가 있습니다. 그렇게 함으로써 성령의 운동을 일으켜야 합니다.

(2) 신약시대에는 성령의 임재하심은 언제나 그 사람의 영적, 도덕적 성품과 직결되어 있습니다.

악한 사람에게 하나님의 영은 임하지 않습니다. 하나님의 영은 거듭난 사람에게만 임하고, 성령님이 그 속에 임재한 사람은 하나님께서 우리를 변화시켜 주십니다. 신앙의 굴곡은 있지만 반드시 성화의 과정을 통해서 우리를 변화시켜 주십니다. 그러므로 **신약시대에는 하나님의 자녀에게만 하나님의 영이 있습니다.**

(3) 신약시대에는 성령님의 임재는 영구적입니다.

구약시대에는 특정한 사람에게 선택적으로 임했다가 만약 그 사람이 범죄를 하면 성령님은 떠나기도 했으나 신약시대에는 그렇지 않습니다. **거듭난 사람에게는 누구나 성령님은 임재하시고 한번 임재하신 성령님은 그 사람을 떠나지 않습니다.** 우리와 늘 함께 계시겠다고 약속하신 성령님은 우리가 어디에 있든지, 무엇을 하든지, 언제든지 우리와 함께 하십니다. 우리의 몸이 바로 성령님이 거하시는 하나님의 성전이기 때문입니다.

지금까지 성령님의 인격적 품성에 대해 살펴보았습니다. 이제부터는 성령님에 대한 인격성을 의식하시면서 여러분과 성령님 사이에 인격적인 관계가 날마다 유지되고 조성되기를 바랍니다. 그럼으로써 비로소 우리의 삶은 성령충만한 삶으로 변화되는 것입니다.

제 8 장

교회와 관련된 사역

성령께서 하신 일은 여러 가지가 있습니다. 교회를 세우고 보살피고 다스리는 모든 일은 바로 성령님이 하시는 일입니다. 그래서 지금부터는 교회와 관련된 성령의 사역에 대해서 살펴보도록 하겠습니다. 성령님께서 교회와 관련해서 어떤 사역을 하시는지 다섯 가지로 요약을 해 보았습니다.

첫째, 성령님은 교회를 창조하셨습니다.

교회를 누가 창조했습니까? 성령께서 창조하셨습니다. 마태복음 16장에서 예수님께서 "너희는 날 누구라 하느냐?"고 물으셨습니다. 그러자 "베드로가 가로되 주는 그리스도시요, 살아계신 하나님의 아들이시니이다"라고 신앙고백을 했습니다. 기독교 역사상 가장 위대한 신앙고백이었습니다. 그런데 그 다음에 예수님이 하시는 말씀이 "내가 이 반석 위에다 내 교회를 세우겠다"라고 하셨습니다.

그럼 '이 반석'이란 무슨 뜻입니까? 여기에 대해서는 여러 가지 설이 있습니다. 가톨릭 교회에서는 그것이 베드로라고 말합니다. 베드로를 가톨릭의 첫번째 교황으로 인정합니다. 그런데 이것은 정확한 성경해석이 아닙니다. 그것은 '반석'이라는 단어때문입니다.

"네 이름을 베드로라고 하리라"고 할 때, 그 베드로라는 단어는 헬라어로 '페트로스'(작은 돌멩이라는 뜻)이고 영어로는 Peter입니다. "이 반석 위에"라고 할 때, 반석은 '페트라'로 사용되었습니다.

헬라어의 어미 'os'와 'a'는 다른 의미입니다. 그런데 '페트라'(Petra)의 'a'라는 단어는 헬라어에서 여성명사입니다. '페트로스'라고 하면 앞은 똑같은데, 'os'는 남성명사로 끝납니다. 남성하고 여성은 분명히 다릅니다. 베드로는 남성명사인데 조그만 돌멩이라는 뜻입니다. '페트라' 하면 여성명사인데, 큰 바위나 반석과 같은 돌산입니다. 그런데 베드로를 '페트라'라고 하지는 않았습니다. 그러므로 '이 반석'이 베드로는 아닙니다. 남성 여성 두 개의 명사를 비교해보면 그렇습니다.

그런데 이때, "이 반석 위에"라 할 때는 두 가지 견해가 정확합니다. 첫째는 '베드로 너의 신앙고백'이라고 해석하는 것입니다. '이 신앙고백 위에 교회를 세우겠다'는 것입니다. 왜냐하면 베드로가 "주는 그리스도시오. 살아계신 하나님의 아들이시니이다" 신앙고백을 했고, 예수님께서는 이 위대한 신앙고백 위에 교회를 세우시겠다는 것입니다.

둘째 해석은 '페트라' "이 반석 위에"라고 할 때, 이것은 예수 그리스도를 의미합니다. 고린도전서 10장에 보면 "그 반석이 바로 그리스도다"라고 말씀하고 있습니다. "Petra was Christ." 큰 반석 페트라가 그리스도라는 것입니다. 그래서 그리스도 위에 교회를 세운다는 뜻입니다.

지금도 이스라엘 사해 남쪽으로 가면 페트라라고 하는 도시가 있습니다. 그 도시는 '에돔' 지역으로서 바위산을 뚫어서 그 안에다 도시를 만들어 놓았는데 지금도 그대로 있습니다. 그게 바로 '페트라'입니다. 돌산을 뚫어서 도시를 만들었기 때문에 적이 쳐들어올 때 피할 수 있는 안전한 곳입니다. "만세 반석 열리니 내가 들어갑니다" 찬송할 때의 그 반석입니다.

그런데 이 교회를 누가 세우냐 하면 예수님께서 세운다고 하셨습니다. 예수님이 교회의 설립자이십니다.

그래서 목사들이 먼저 조심해야 됩니다. 특히 개척 교회 목사는 조심해야 됩니다. 목사가 시작해서, 목사가 교회를 세우면 자꾸 내 교회 같은 착각이 들어서 문제가 많이 일어납니다. 개척 교회에서 혼자서 교회를 잘 세우고 나면 혼돈이 일어납니다.

흑인들은 교회 개척해 놓고는 자기 교회라고 합니다. 그래서 목사가 헌금을 걷어서 자기가 가져가는 일들이 많이 있습니다. 위험천만입니다. 다 그렇지는 않지만, 그런 경향성이 있습니다.

목사가 교회를 자기 것이라고 생각하는 것은 보통 문제가 아닙니다. 교회의 주인은 예수님입니다. 그런데 예수님이 어떻게 교회를 세우십니까? 예수님께서는 성령님을 보내서 그 작업을 하시는 것입니다.

사도행전 2장 1절에서 4절에 오순절 사건이 나오는데, 그때 16개국 사람들이 모여서 성령께서 특별한 사건을 체험합니다. 성령이 바람같이 임하고, 갈라진 혀처럼 사도들의 머리 위에 나타났고 사도들이 방언을 했습니다. 그 열여섯 나라 사람들이 말하기를 "저들이 우리나라 말을 배운 적이 없는데, 우리말로 하나님의 위대한 역사를 말했다"고 했습니다. 그 말이 열여섯 나라 말로 들리는 것입니다.

그때 베드로가 성령에 충만하여 예수 그리스도의 고난과 부활을 설명하며 설교했습니다. 성령께서 그들의 마음을 움직이셨습니다. 그래서 그들은 "우리가 어찌할꼬?" 물었습니다. "너희가 주 예수를 믿으라. 회개하고 예수를 믿으라. 그리하면 너희가 구원을 받을 것이다." 베드로가 대답했습니다.

그래서 거기서부터 예수 그리스도의 교회가 출발한 것입니다. 열여섯 나라 사람들이 모였다가 예수 믿고 자기 나라로 돌아가서 교회를 세웠습니다. 그래서 사도 바울이 로마에 갔을 때 로마에 벌써 교회가 있었습니다. 여러 곳에서 왔던 사람들이 교회를 세워 놓았습니다. 이렇게 성령께서 교회를 시작하셨습니다.

고린도전서 12장 13절에 보면 "한 성령으로 다 세례를 받아서 한 몸이 되었다"고 기록하고 있습니다. 우리는 모두 성령으로 세례를 받았습니다. 그래서 한 몸이 되었습니다.

그런데 교파가 너무 많아 섭섭합니다. 평신도들이 모여서 "야, 우리 교파를 하나 만들자" 하는 이런 경우는 없습니다. 교파를 가를 때는 반드시 목사님들이 합니다. 목사님들 책임입니다. 어떤 때는 교리의 문제 때문에 갈라진 때가 있기는 합니다만 대개의 경우 교권을 위한 정치적인 이유에서 일어나는 불행한 일들입니다. 이것은 인간이 잘못해서, 인간이 죄성이 있고, 인간이 불완전해서 그런 일이 나타납니다.

그런데 분명히 기억해야 하는 한 가지는 조직적인 면에서는 갈라질수 있어도, 유기체로서는 절대로 갈라질 수 없다는 것입니다. 어떤 교파는 팔일 수 있고, 어떤 교파는 다리일 수 있고, 또 어떤 교파는 몸일 수 있는데, 이 몸이 와해될수는 없습니다.

그래서 그 분이 어느 교파이든지, 나와 함께 한 성령으로 우리 모두가 다 같이 세례를 받았기 때문에 한 그리스도의 몸이 되었다는 사실을 절대로 잊어버리면 안 됩니다. 그래서 설령 같은 교회를 안 다녀도, 다른 교파에 있다고 할지라도, 그 모든 사람들이 예수 그리스도를 고백할 때에 성령께서 그 사람도 같은 성령으로 세례를 줘서, 이 분들이 다 그리스도의 한 몸이라는 사실을 잊으면 안 됩니다. 물론 다른 교파일 수 있고, 다른 교회일 수 있는데, 그것은 별 문제가 없습니다. 그래도 성도를 만날 때는 내 형제인 줄 알고, 자기 식구인 줄 알아야 됩니다.

제가 자랄 때는 엄격한 교파에서 자랐는데 다른 교파 교회에 가서 예배를 못드렸습니다. 옛날 얘기입니다만, 저희 교파에서는 의자에 앉아서 예배를 드리지 않았습니다. 우리 목사님들이 설교를 하시면서 "불경건하게 의자에 앉아서 건방지게 예배드린다"고 우리 어렸을 때는 타교파 교회를 비난했던 적도 가끔 있었습니다. 불경건한 교회는 의자에 앉아서 예배드리고, 경건한 교회는 마루에 앉아서 예배를 드렸습니다. 그런 때도 있었습니다.

제가 16년 만에 미국에서 한국에 처음나와 그 교회에 갔더니 의자가 놓여 있었습니다. 제가 목사가 돼서 돌아왔다고, 「김상복 목사 귀국 환영 연합예배」를 드렸습니다. 저더러 설교를 하라고 하는데, 의자를 정죄하던 교회에서 의자에 앉아 예배를 드리니까 마음이 착잡했습니다. 그러나 의자같이 사소한 것으로, 성령의 하나되게 하신 예수 그리스도의 교회를 나누어서는 안됩니다.

우리의 형제됨은 예수님 때문입니다. 성령님이 우리 모두를 성령으로 세례를 주셔서, 예수 그리스도의 몸이 되게 만들어 주셨기 때문에 우리 모두 형제가 된 것입니다. 그래서 우리는 성령의 하나되게 하심을 열심히 지키기 위해서 삼가고 조심해야 됩니다.

미국 가서 제가 신학교에 갔더니 제 옆에 침례교 학생들이 앉아 있었습니다. 저는 침례교를 이상한 종교로 알았었습니다. 그 때 한국에는 침례교가 한 도시에 한두 개나 있을까 말까 했던 때였습니다. 그런데 신학교에 가니까 제 옆에 침례교인이 와서 공부하고 있었습니다. 그래서 처음에는 '이상한 아이들이 와서 공부하고 있구나' 생각했었습니다.

그런데 같이 공부를 해보니까, 저보다 더 나았습니다. 저보다 더 신앙이 좋고, 저보다 더 기도 잘하고, 저보다 더 훌륭한 신앙인들이었습니다. 또 감리교인들도 있고, 루터교인들도 있었습니다. 저로서는 상상할 수 없는 환경이었습니다. 그런데 다른 교파 학생들이 다 신학교에서 같이 공부하는 것이었습니다. 처음에는 놀랐습니다. 그런데 그 친구들을 보니까 저보다 못한 부분이 하나도 없었습니다. 그래서, "아, 내가 너무 비좁은 사회에서 왔구나." 하고 생각을 했었습니다.

또 교수님이 뭐라고 하느냐 하면 여러분은 " You came with provincialism"이라고 했습니다. Province 하면 道, 지역이라는 말입니다. "여러분은 전부가 다 편견을 가지고 왔다"는 것입니다. 자기 나름대로의 환경과 여건과 배경을 가지고 온 것을 보고서 편견이라고 합니다. 그래도 저는 '나는 그렇지 않다, 나는 아주 객관적인 사람이요, 나는 아주 개방적인 사람이다'라고 생각했습니다. 그랬더니 교수님이 하는 말이, "오늘부로 지방색적인 편견을 다 버리고 성경을 보자"고 했습니다. 그래서 "그것을 어떻게 버리냐고, 그게 나인데 내 배경을 내가 버리면 어떡할 거냐?"고 질문을 했습니다.

그랬더니 그 교수님이, "여러분은 다 신학적인 편견을 가지고 왔다. 오늘부터 여러분이 지금까지 가지고 온 것을 다 버리라. 성경을 어떻게 해석하는지 가르쳐 줄테니까 이제는 성경해석의 원리에 따라서 새롭게 성경을 해석을 해서 여러분의 신학을 재정비하도록 하라. 여러분의 신학으로 성경을 읽지 말고 성경으로 여러분의 신학을 보라"고 했습니다. 처음 듣는 이야기였습니다. 그래서 성경의 해석원리로 성경을 읽으니까, '아, 내가 이렇게 많은 편견을 가지고 있었나?' 하는 생각이 들기 시작했습니다. 그러면서 부당한 편견을 하나씩 버리니까, 자유로워졌습니다. 예수 믿는 것이 그렇게 자유로운 것인지 예전엔 미처 몰랐습니다. 그리스도 안에 있는 자유를 발견한 것입니다.

"너희가 진리를 알지니 진리가 너희를 자유케 하리라." "아들이 너희를 자유케 하리니 너희가 참으로 자유하리라." 그냥 자유한 것과 참으로 자유한 것은 종류가 다릅니다. 그리스도가 자유케 할 때, 진리가 자유케 할 때, 성령님이 자유케 할 때 참 자유가 있습니다. "성령이 있는 곳에 자유가 있느니라." 그렇습니다. 참 자유를 발견하게 되니까 이 사람도 좋고, 저 사람도 좋고, 자기의 편견(provincialim)이 없어집니다.
　그리스도를 중심해서, 성령을 중심해서, 말씀을 중심해서, 복음을 중심해서 사람을 보기 시작하니까, 어떻게 세상이 넓어지는지, 그리스도 안에 자유의 세계를 체험하게 되었습니다. 성령께서 우리 모두를, 심지어 나와 의견이 다른 사람도 성령의 세례로 그리스도의 한 지체가 되었습니다. 내가 안 좋아하는 그 사람도, 내가 신학적으로 합의가 안 돼는 그 사람도 성령께서 그리스도의 몸으로 만드셨습니다. 예수를 진심으로 믿어 성령으로 거듭난 사람은 다 형제입니다. 성령께서 교회를 창조하셨습니다. 예수 그리스도의 교회는 **나보다, 내 교회보다, 내 신학보다, 내 교리보다 큽니다.**

　둘째, 성령님은 교회와 함께 계십니다.

　성령님은 교회를 창조하실 뿐만 아니라 교회와 함께 계십니다. 교회 안에 계십니다. 고린도전서 3장 16절은 이렇게 말씀하고 있습니다.

　　"너희가 하나님의 성전인 것과 하나님의 성령이 너희 안에 거하시는 것을 알지 못하느뇨."

　성령께서 너희 안에 계심을 어찌 알지 못하느냐? 이때 '너희'라고 했습니다. '너'이라는 단수를 사용하지 않았습니다. '너희'는 누구입니까? 고린도교회입니다. 한 개인이 아니라 교회에다 하는 말입니다. "하나님의 성전인 것과" 너희는 성령이 거하시는 전이라는 것입니다. '성전'은 단수이고, '너희'는 복수입니다. 그러니까 우리 모두가 합해서 하나의 교회라는 것입니다.
　이 교회 안에 성령이 계시고, 저 교회에도 성령이 계십니다. 또 뿐만 아니라 '너희'는 복수이니까 한 사람 한 사람 안에 성령님이 계시다는 것입니다. 그래서 성령님이 교회를 창조하셨고, 교회 안에 계시고, 또 교회의 멤버인 우리들 안에 계신다는 것입니다.

그래서 에베소서 2장 22절에 "너희는 성령 안에서 하나님의 거하실 처소가 되었느니라" 말씀하고 있습니다. 우리가 성령 안에 있다는 것입니다. 성령 안에서 너희가 하나님이 거하실 하나님의 거처가 되었다고 말하심으로써 성령님이 교회와 함께 계시고, 교회의 멤버들과 함께 계시다는 것을 보여줍니다.

세째, 성령님은 교회를 다스리십니다.

교회를 운영하시는 분이 누구인가? 성령님이십니다. 사도행전 20장 28절은 장로들에 대해서 얘기를 합니다. 장로를 세워서 조직을 만드는데, 어느 교회 장로들에게 말하는지 알려면 17절에 보면 알 수 있습니다. 바울이 밀레도에서 사람을 에베소로 보내어 교회 장로들을 청했습니다. 교회를 조직해서 장로들을 세우고 그 장로들을 모아서 하는 얘기입니다.

"너희는 자기를 위하여 또는 온 양떼를 위하여 삼가라 성령이 저들 가운데 너희로 감독자를 삼고 하나님이 자기 피로 사신 교회를 치게 하셨느니라"(행 20 : 28).

여기서 장로들을 감독자(overseer)라고 합니다. 위에서 전체를 보고 통치한다는 뜻입니다. "성령이 너희들을 감독자로 만들었다"고 했습니다. 누가 교회의 조직과 교회의 직분자들을 골라서 세우십니까? 성령께서 하시는 일입니다. 그래서 우리들이 교회에서 직분을 맡은 권사님이나, 장로님이나, 집사님이나, 위원장이나 교역자들일 수 있는데, 그 교회의 직분을 맡는다는 것은 우리들이 검토하고 추천하기는 하나, 마지막에 가서는 성령님께서 선택한 사람이라는 것입니다. 성령님께서 교회의 조직을 세우신다는 것을 알면, 훨씬 더 교회 안에 평화가 있습니다. 그런데 많은 경우에 교회에서 이 사실을 인식하지 못하고, 마치 국회의원이나 선거하는 것처럼 할 때, 문제가 생깁니다.

어느 교파에서 총회장 선거를 할 때, 한 번은 선거 자금을 10억을 썼다고 합니다. 그리고 다른 한 분은 2억을 썼다고 합니다. 그래서 결국은 10억 쓴 사람이 총회장이 됐습니다. 여기에 문제가 있습니다. 참 불행한 일입니다. 교회의 총회장을 뽑는 데, 몇억씩을 써서 당선이 돼야 하는 것은 참 한국교회의 슬픈 일입니다.

결국 성령님께서 결정하신다는 것을 알면 그렇게 하지는 않을 것입니다. 사도들 뽑을 때도, 예수 그리스도를 처음부터 따르다가 부활하신 예수님을 만나본 사람들 중에서 두 사람을 세워놓고 '성령이여 이 둘 중에 누구입니까?' 기도한 뒤 제비를 뽑았습니다. 결과는 성령님께서 결정하신다는 것입니다. 초대교회 사람들은 그렇게 했습니다. 그러니까 기도하며 성령께서 결정해 주시도록 부탁하고는 그 결정에 순복했습니다.

마지막 가서는 하나님이 택하시는 것입니다. 하나님의 성령께서 선택해서 세운 것이기 때문에 설령 내가 원하는 사람이 안되었다고 해도, 순복해야 합니다. 교회에서 제직을 뽑거나 할 때, 얼마나 많이 기도합니까? 주님의 교회에 인간적인 방법으로 뽑힌 사람들이 나서면 큰일이기 때문입니다. 교회는 성령님이 선택해서 조직하시는 것입니다.

우리는 성령님을 의존해서 교회의 조직을 해야 됩니다. 인위적이거나 인간적인 것이어서는 안됩니다. 저도 목회를 하면서 인위적이고, 인간적인 방법에 항복을 해 본 적이 있습니다. 번번히 결과가 좋지 않았습니다. 교회에서 제직을 뽑을 때 질의 문답서를 보냅니다. 자신의 신앙을 스스로 점검해 보시라고 합니다. 신앙을 점검해 보고 제직을 하지 말라는 얘기가 아닙니다. 스스로 신앙을 점검해 보며 대답하다 보면 '아, 이 부분은 내가 부족하니까 좀더 보완해야 되겠구나. 이부분은 그래도 하나님께서 은혜를 주셔서 많이 발전했구나.' 이렇게 자신의 신앙을 한번 점검해 보고, 자기의 위치를 알아보고, 또 자기 신앙의 목표를 설정해 보자는 것입니다.

그래서 그런 질문들을 통해서 성령님께서 우리 신앙에 도전을 주시고,

신앙적인 생활을 권고해 주시도록 하자는 것입니다. 결국 성령님께서 교회를 조직하시는 분이기 때문입니다.

그 뿐이 아니라 말씀을 선포하는 것도 성령님의 능력을 통해서 하십니다. 사도행전 4장 8절부터 12절 보면 베드로가 설교하는 부분이 나오는데, "베드로가 성령에 충만하여 말하기를"이라고 했습니다. 그렇기 때문에 우리가 기도하는 것입니다.

우리는 성경을 공부하기 전에도 기도를 합니다. 왜 기도합니까? 이 시간에 우리가 배우는 이 진리를 성령님께서 깨우쳐 주실 때, 조명해 주실 때 깨달음이 되고, 피와 살이 되기 때문입니다. 그리고 그때 우리의 신앙이 성장합니다.

그런데 성경을 순전히 지적인 면에서, 생물학을 공부하듯이 해서는 신앙에 성장이 없습니다. 그러나 성령님이 우리가 모여서 공부하는 이것을 들어서 우리 각자에게 귀를 트여 주셔서, "귀가 있는 자에게 들릴지어다" 할 때, 귀에 들리고, 영혼에 들리고, 우리를 새롭게 해주는 역사가 나타나는 것입니다. 그래서 말씀을 선포할 때도 성령께서 역사하셔서 나타나는 것입니다.

에베소서 6장 18절에 보면 "모든 기도와 간구로 하되 무시로 성령 안에서 기도하라"는 말씀이 있습니다. 기도하는 것도 성령께서 교회를 위하여 도우시는 사역의 하나입니다.

공중 기도할 때 들어보면 안에서 하나님께 기도하는 것이 아니고, 교인들에게 설교하듯 기도하는 경우가 있습니다. 또 어떤 때에는 자기 성경 지식을 전개할 때도 있습니다. 그래서 저 분이 누구한테 기도하는지 모호할 경우를 가끔 봅니다. 성령 안에서 기도하는 것은 하나님께 기도하는 것입니다. 또 사람을 의식하면서 기도하지 않습니다.

그래서 가만히 들어보면 사람을 의식하고 기도하는 것이라는 것을 애써 느끼지 않으려고 해도 저절로 느껴질 때가 있습니다. 우리는 사람에게가 아니라 하나님께 기도해야 합니다. 성령께서 이끄시는 대로 솔직하고 간절한 기도를 드려야 합니다. 그래서 "무시로 성령 안에서 기도하라"는 말씀을 늘 기억해야 합니다. 그렇게 기도할 때 그 기도가 참된 기도가 되는 것입니다.

찬송하는 것도 마찬가지입니다. 에베소서 5장 18~19절에도 보면 "술 취하지 말라 이는 방탕한 것이니 오직 성령의 충만을 받으라 시와 찬미와 신령한 노래들로 서로 화답하며 너희의 마음으로 주께 노래하며 찬송하며"라고 말씀하고 있습니다. 성령에 충만하여 시와 찬미와 신령한 노래로 찬송하라는 것입니다.

그래서 교회의 조직이나, 말씀을 선포하는 것이나, 기도하는 것이나, 찬송하는 것이 교회에 모여서 예배가 됩니다. 이런 것들이 다 성령께서 하시는 일들이기 때문에 성령은 교회를 창조하시고, 성령은 교회와 함께 하시고, 성령은 교회를 다스리시고, 또 성령은 교회의 일치를 도모하십니다.

넷째, 성령님은 교회의 일치를 도모하십니다.

교회를 하나되게 하는 것은 성령님이 하시는 일입니다. 여기에 관련된 말씀을 찾아서 한번 읽어보겠습니다. 에베소서 4장 3절 말씀입니다.

"평안의 매는 줄로 성령의 하나되게 하신 것을 힘써 지키라."

여기에 보면 벌써 성령께서 우리를 이미 하나로 만들어 놓았다고 합니다. 이것은 대단히 중요합니다. 우리는 **벌써** 하나입니다. 그래서 하나가 된 것을 힘써서 지키라고 했습니다. '늘 우리가 서로 볼 때 하나라는 사실을 인식하고 그것을 지키려고 애를 써라. 하나가 되려고 애를 쓰라고 하지 않고, 하나가 된 것을 힘써 지키라' 말했습니다. 그래서 어떤 때는 감리교, 장로교, 침례교, 성결교 교파든 이름은 달라도 우리가 하나이기 때문에 하나라는 사실을 인식하면 서로 협조가 됩니다. 신학이 좀 달라도 서로 협조할 수 있고, 이해가 되고, 친교할 수 있고, 서로 같이 선교할 수 있습니다. 이미 성령께서 하나로 만들어 놓으셨기 때문입니다.

다섯째, 성령님은 교회를 완성하십니다.

그리고 교회를 완성하시는 것도 성령이십니다. 사도행전 13장 2절에 보면 선교사 선정을 성령님이 하십니다. 교회라는 것은 하나님의 전과 마찬가지입니다. 그래서 선교사들이 곳곳에서 하나님의 성전을 짓고 있는데, 이제 아프리카에서, 남미에서, 한국에서, 아시아에서도 세우시면서 전세계에서 예수 그리스도의 교회를 완성해가는 것입니다. 그래서 마지막 못이 박히면 우리 주님께서 재림하시는 것입니다. 신부가 될 교회를 데리로 오시는 것입니다. 그때가 땅끝에서 마지막 복음이 전파되는 날입니다.

그래서 오늘 땅끝까지 복음을 전하기 위해서 전 세계로 선교사를 보내는 것입니다. 지상에는 수없이 많은 종족이 있는데 종족마다 하나님께서 믿는 사람을 구원하셔서 하나님 나라의 백성을 만드는데 그것을 위해서 선교사를 보내는 것입니다.

그런데 선교사를 선정하는 것도 성령님이 하십니다. 사도행전 13장 2절에 성령님이 말씀하시기를 바나바와 사울을 따로 세워서 그 사람들을 임명해서 선교사로 보내라고 하셨습니다. 그래서 안디옥 교회는 그 두 사람을 세워서 안수하고 보냈습니다.

세우는 것도 성령님이요, 안수해서 선교사를 파송하는 것도 성령님입니다. 선교지를 선정하는 것도 성령님이십니다. 바나바와 바울이 아시아로 갔습니다. 브리기아와 갈라디아 지방에 갔다가 다른 곳으로 가려고 하는데, 그쪽에 가지 말라고 막으시고 다른 곳으로 보냈습니다. 마케도니아였습니다. 선교지를 성령님께서 선정해서 보냈다는 것입니다.

그렇기 때문에 모든 것을 성령님 안에서 행해야 된다는 것은 바로 '제가 어디로 가는 것을 원하십니까?' 성령님께 물어서 성령님께서 정해주시는 대로 가는 것입니다. 이것이 성령 안에서 사는 삶입니다.

그뿐 아니라 선교사들이 어려움을 당하면서도 기쁘게 할 수 있고 핍박 속에서 교회를 유지하게 해주시는 분도 성령님입니다. 사도행전 13장에 50절입니다.

"이에 유대인들이 경건한 귀부인들과 그 성내 유력자들을 소동하여 바울과 바나바를 핍박케 하여 그 지경에서 쫓아내니 두 사람이 저희를 향하여 발에 티끌을 떨어 버리고 이고니온으로 가거늘 제자들은 기쁨과 성령이 충만하니라."

핍박 받고 쫓겨나고 어려움을 당하는데, 교회의 제자들을 성령으로 충만하게 해 주시고, 성령으로 기쁨을 주셔서 교회가 지탱이 되었다는 말입니다.

이렇게 교회를 시작하시고, 함께 하시고, 다스리시고, 교회의 일치를 도모하시고, 완성하시는 이 모든 일뿐만 아니라 마지막으로 사도행전 15장 28절에서 보면 선교사들의 문제를 해결하시는 것도 성령님입니다.

선교지에는 여러 가지 문제가 있고, 선교사들끼리도 문제가 있습니다. 베드로와 바울 사이에 문제가 있고, 야고보와 그 지역의 사람들 사이에 문제가 있었습니다. 15장 28절에 보니까 성령께서 이 문제를 해결했다고 말씀하고 있습니다. 23절부터 드디어 모든 문제가 해결됐다고 기록하고 있습니다.

이때 예루살렘 공의회가 모였는데, 이 공의회에는 야고보가 의장이었습니다. 야고보는 예수님의 동생인데 전에는 예수를 안 믿었습니다. 그런데 지금은 믿게 되었습니다. 바울도 예수님이 부활해서 자기 동생 야고보에게 나타났다고 기록한 적이 있습니다. 자기 형이 부활해서 나타난 것을 보고 예수님을 믿게 된 것 같습니다. 그 이후 예루살렘 공의회 의장인 야고보가 주재한 회의에서 모든 결정이 났습니다. 22절을 보십시오.

"이제 사도와 장로와 온 교회가 그 중에서 사람을 택하여 바울과 바나바와 함께 안디옥으로 보내기를 가결하니 곧 형제 중에 인도자인 바나바라 하는 유다와 실라더라."

그래서 예루살렘에서 이루어진 결정을 안디옥 교회에 편지로 보냅니다. 그때 해결된 문제가 28절에 나타나 있습니다.

"성령과 우리는 이 요긴한 것들 외에 아무 짐도 너희에게 지우지 아니하는 것이 가한 줄 알았노니 우상의 제물과 피와 목매어 죽인 것과 음행을 멀리 할지니라 이에 스스로 삼가면 잘되리라 평안함을 원하노라 하였더라."

이것이 편지의 내용이었습니다. 예루살렘 공의회가 모여서 '우상의 제물을 먹어야 되냐, 안 먹어야 되냐. 또 피가 있는 생고기를 먹어야 되냐, 안 먹어야 되냐. 또 음행의 문제, 이런 것들 때문에 교회에 문제가 있었습니다. 이런 것을 공의회에서 결정하기를, "그 우상의 제물 먹지 말고, 피와 목매어 죽인 것을 먹지 말고 음행을 멀리하라"고 했습니다. 그것을 누가 정했습니까? 28절에 "성령과 우리가"라고 쓰고 있습니다. 성령께서 우리 가운데서 하신 것이라고 했습니다. 공의회에서 결정한 것은 성령께서 하셨다고 말하는 것입니다.

제가 미국에 있으면서 한국 이민교회를 처음 목회했을 때입니다. 처음에는 제직회에서 어려움을 겪었습니다. 제직회를 하기 전까지는 멀쩡한데, "지금부터 제직회를 하겠습니다"라고만 하면 그냥 굳어지고 목소리를 돋구고 분위기가 나빠집니다. 한국 사람들이 회의를 잘 못합니다. 회의만 하면 굳어져 버립니다. 미국 사람들은 회의하는 것이 참 재미있어서, 웃어가면서 회의합니다.
　우리는 회의를 할 때도 성령님을 의존해서 해야 합니다. 기도하고 회의해야 합니다. 말할 때도, '성령님 제가 이 말을 하는데, 이 말이 우리들 사이에 문제를 해결하는데 도움이 되게 해 주소서' 이렇게 기도해야 합니다. 결정을 할때는 다 합의가 되면 좋지만 너무 반대가 심하면 결정을 좀 연기해도 좋습니다. 반대는 있어도 그렇게 심하지 않으면 기도하고 다수결로 결정해도 좋습니다.
　결정할 때도 인간적으로 하면 안 됩니다. 성령께서 나에게 뭐라고 말씀하시나 늘 기도하면서 결정해야 합니다. 이렇게 할 때 문제가 해결됩니다. 일단 가결되면 좀 내 맘에 안 들어도 성령님께서 선히 인도해 주시도록 기도해야 합니다.

　물론 여기서 말하는 것은 진리를 놓고 말하는 것은 아닙니다. 진리는 끝까지 사수해야 합니다. 성경에 있는 것은 양보해서는 안됩니다. 그러나 성경에 없는 것을 가지고 논할 때는 내 마음에 좀 안 들어도 대부분이 원하면 그렇게 따라야 합니다. 그런데 문제는 예수님 말씀하신 대로, 남을 판단하지 말아야 하는데 자기 개인적인 자를 쓰지 말라는 것입니다. 개인적인 것, 자잘한 것들, 성경에 없는 것들은 성령님의 움직이심에 따라 대부분이 원하는 대로 하면 됩니다.
　문제를 놓고 구태여 성경에 있는 것이나 진리의 문제가 아닌데, 그것을 가지고 결사적으로 반대할 필요가 있습니까? 이 세상에서 진리만 가지고도 얼마나 바쁜데, 성령께서 그런 문제를 해결해 주시도록 맡기고 기도해서 인도하심을 구하고, 또 결정된 것이 내 맘에 안 들어도 믿고 따라가면 됩니다. 성령께서 교회를 움직이시는 분이기 때문입니다.

제 9 장

기독교인과 관련된 사역

앞에서는 교회와 관련해서 성령께서 어떤 일을 하시느냐를 살펴보았습니다. 그러면 이제부터 기독교인들과 관련해서 성령님이 어떤 일을 하시는지와, 비기독교인들과 관련해서는 어떤 일을 하시는지 살펴보도록 하겠습니다.

기독교인과 관련된 사역

첫째, 우리를 거듭나게 하십니다(요 3:5; 딛 3:5).

성령님은 우리를 영적으로 거듭나게 하시고, 하늘로부터 태어나게 하시고, 하나님으로부터 태어나게 해 주십니다. 육체의 생명은 부모로부터 받으나, 영원한 생명은 하나님에게서 받습니다. 둘 다 선물이지, 노력해서 얻는 것이 아닙니다. 예수 그리스도를 믿을 때 두번째 태어납니다.

디도서 3장 5절에도 성령의 거듭나게 하시는 은혜로 구원받는다고 했습니다. 하나님의 아들 예수를 구주로 믿고 고백하는 순간 성령께서 우리 안에 영원한 생명을 주십니다. 우리를 하나님의 자녀로 태어나게 하시고 하나님의 성품을 소유하게 하십니다. 거듭난다는 것은 기독교인에게 가장 기본적인 교리요, 가장 기본적인 경험입니다. 이것은 기독교의 A와 같은 것입니다. 영어에 A, B, C, D…가 있으면 그 A에 해당합니다.

거듭나지 않으면 하나님 나라에 들어갈 수 없고, 볼 수도 없고, 하나님의 자녀가 될 수도 없습니다. 교회는 다녀도 거듭나야 하나님의 자녀가 될 수 있는 것입니다. 거듭나는 것은 어렵지 않습니다. **예수 그리스도를 나 자신의 구주로 믿을 때, 그 순간에 하나님께서 영원한 생명을 우리 속에다 집어 넣어 주심으로 우리는 거듭 납니다.** 그래서 예수를 자기 구주로 고백하는 사람은 이미 거듭난 사람입니다.

그런데 한국교회는 이 '거듭난다'는 단어를 너무 광범위하게 쓰는 것 같습니다. 그래서 자꾸 혼동을 일으킵니다. 우리 사회가 다시 거듭나야겠다는 등 기독교 용어를 사회가 많이 쓰는데, 이 거듭난다고 하는 것은 영적으로 생명이 생기는 사건이요, 예수를 믿을 때 하나님의 자녀가 되는 사건입니다. 그래서 이것은 협의의 뜻으로 써야 됩니다.

교회에서 이것을 폭넓게 쓰기 때문에 애매한 일이 생깁니다. 어떤 때는 거듭난 것과 성화된 것, 거룩한 것을 혼동하는 일이 있습니다. "당신이 그렇게 살아가지고 어떻게 거듭난 사람이라고 할 수 있느냐?" 이렇게 질문할 때, "아, 내가 아직도 이틀에 한 번씩 신경질은 내니까, 내가 거듭난 것이 아니구나," "두 달에 한번씩 남편하고 싸우는데, 이거 내가 …" 이렇게 생각하게 된다면 한국 교회에는 신학적인 혼란이 있는 것입니다.

제가 최근에도 어떤 신학교 교장이 쓴 논문을 읽었는데, 그분도 거기서 거듭난 것을 그렇게 썼습니다. 거듭난 것과 행위와 관련을 시켰습니다. 조금만 잘못되면 거듭나지 않을 것 같은 인상을 주어서는 안됩니다.

거듭 난 사람이 예수 믿기 전과 후가 다르지 않으면, 거듭 태어난 사람이 아닙니다. 전혀 성장하지 않으려고 하고, 젖도 안 먹고, 미음도 안 먹고, 숨도 안 쉬고, 울지도 않으면 그것은 죽은 상태입니다. 태어난 사람은 반드시 성장하게 되어 있습니다. 거듭 태어난 사람이 성경도 안 보고, 기도도 안하고, 찬송도 안할 수는 없습니다. 태어난 아기는 꼭 젖달라고 하고, 울고, 놀고, 활동합니다. 어린 아이가 문제를 일으키기도 하고, 물을 쏟기도 하는 것은 어린애다운 일입니다. 그런 것은 부모가 닦아줘야 합니다.

더러운 것을 닦아주고, 문제 일으키는 것을 책임져 주는 것은 부모가 할 일이요, 먼저 믿은 사람들이 할 일입니다. 거듭난 사람은 반드시 성장하게 돼 있습니다. 어떤 사람은 빨리 성장하고, 어떤 사람은 천천히 성장하는 차이는 있어도, 거듭난 사람은 달라집니다. 복음을 듣고, 예수를 영접한 사람은 하나님께서 그 순간에 영원한 생명을 주셨기 때문에, 생명이 그 속에서 움직입니다. 그래서 참된 신앙은 성장하게 되어 있습니다.

마음으로 믿어 입으로 예수를 주라 시인하는 그 순간에 하나님께서 영원한 생명을 그 사람에게 주시는 것입니다. 이것은 전적인 선물입니다. 부모가 아이 낳아놓고, 그 생명을 줬다 뺏었다 하지는 않습니다. 한 번 낳았으면 그것은 못난 자식도 내 자식이고, 잘난 자식도 내 자식이고, 문제를 일으키는 자식도 내 자식인 것입니다.

영적으로도 마찬가지입니다. 하나님께서 생명을 주셨으면 이것은 전적으로 선물입니다. 영적인 생명은 하나님이 주시는 것이고, 그것을 받았을 때 거듭 태어나는 것입니다. 우리들이 예수를 구주로 시인하면 우리는 이미 거듭난 사람들입니다. 하나님의 아들입니다.

그런데 가끔 한국 교회에 글 쓰는 것이나 말하는 것을 보면, 약간 문제만 일으키면 거듭난 것과 연관시켜서 말을 하는데, 그것은 제가 볼 때는 신학적으로 정확하지 않은 것 같습니다.

성령님께서 우리 안에 영원한 생명을 넣어주시므로 우리를 하나님의 자녀로 태어나게 하시고 하나님의 성품을 소유하게 하십니다. 거듭나는 것은 기독교인에게는 가장기본적인 교리요 또한 가장 기본적인 경험입니다.

둘째, 성령님은 인을 쳐 주십니다(엡 4:30).

성령님은 우리를 주님 오시는 날까지 인쳐 놓았습니다. 이것은 '소유'를 말하는 것입니다. 성령이 우리에게 도장을 꽉 찍어 놨기 때문에 우리는 성령님의 소유입니다. 주님이 재림하시는 그 날까지 우리는 성령님의 것입니다. 그러니까 여러분의 구원이 왔다 갔다할 수가 없는 것입니다. 성령님이 도장을 찍어 놓았는데, 누가 그것을 뺏어갑니까? 우리는 성령님의 것입니다.

셋째, 성령님은 내주하십니다(고전 6:19, 롬 8:9).

고린도전서 6장 19절과 로마서 8장 9절에도 "성령이 너희 안에 거하사"라고 말씀하심으로 성령께서 우리 안에 내주하고 계신다는 것을 가르쳐주고 있습니다. 우리 믿는 사람들에게는 성령이 이미 우리 안에 계십니다.

성령이 내 안에 계시다는 것과 성령이 충만하다는 것은 똑같은 것이 아닙니다. 성령이 계시다는 것은 성령이 내 안에 임재해서 나와 함께 영원히 사신다는 것이고, 성령이 충만하다는 것은 나를 완전히 통치하신다는 것입니다.

그런데 성령이 내주하시지만 완전히 통치하시지 않을 수 있습니다. 내가 마음의 방에다 책을 잔뜩 쌓아 놨으면 성령이 그 방에 계실 데가 없지 않겠습니까? 또 분노와 질시와 경멸로 가득 채워 놓으면 또 그 방에서 성령이 얼마나 불편하시겠습니까? 그래서 모든 방을 깨끗이 정리해서 다 치워 놓고, 성령님이 어느 방이나, 부엌이나, 도서실이나, 내 작업실도 내 삶 전체를 관리해 주시는 것이 성령이 충만한 것입니다.

네째, 성령님은 세례를 주십니다(고전 12:13).

한 성령으로 우리 모두가 세례를 받았습니다. 고린도전서 12장 13절에서도 "우리가 유대인이나 헬라인이나 종이나 자유자나 다한 성령으로 세례를 받아 한 몸이 되었고 또 다 한 성령을 마시게 하셨느니라"고 말씀하고 있습니다. 우리가 인종이 다르고 지방이 다르고 학력이 다르고 교파가 다를지라도 우리는 한 성령으로 세례를 받아 한 몸이 되었습니다. 한 성령을 마시고 호흡한는 한 형제인 것입니다.

다섯째, 성령님은 우리를 채워 주십니다(엡 5:18).

(1) 성령충만의 의미

성령님은 우리를 채워주십니다. 채워준다는 이 말은 **성령으로 완전히 지배를 받는다는** 의미입니다. 영어로는 filled with the Spirit, 성령으로 가득 채우는 것입니다. 가득 채운다고 할 때, 한 절반 채워지고, 삼분의 이가 채워지고, 마침내 다 채워지는 그런 의미가 아닙니다.

네 속에 성령님을 더 채워서 내가 성령을 더 가지는 것이 아닙니다. 성령님이 나를 완전히 차지하는 것입니다. 우리에게 양보하지 않으려는 것이 있지 않습니까? 내가 좋아하는 것을 절대로 양보하지 않을 때가 있습니다. 그런 것까지도 전부다 내놓고, 성령님께서 완전히 내 마음의 집의 관리자가 됐을 때, 그것을 보고 성령충만이라고 부릅니다.

성경에 보면, 분노로 가득차다(눅 6:11), 두려움으로 가득차다(눅 5:26), 슬픔으로 가득차다(요 16:6), 온 도시가 혼란으로 가득차다(행 19:29)라는 표현이 있습니다. '가득찼다'고 하는 그 말은 완전히 지배한다는 것입니다. 그 마음을 지배하는 것입니다. 분으로 충만하면 우리는 그 분노의 지배를 받습니다.

그와같이 성령으로 가득찼다고 할 때, 가득찬다는 말이 성령이 충만하다고 하는 말과 같은 단어입니다. 성령을 더 많이 소유할 수는 없습니다. 성령이 내 안에 계시든지, 안 계시든지 둘 중에 하나지 내가 성령을 절반만 가졌다고 하는 것이 없습니다. 우리가 성령을 더 많이 소유하는 것이 아니고, 성령이 우리를 더 많이 소유하는 것입니다. 그렇지 않습니까? 우리의 삶을 가만히 봐도 어떤 부분은 성령에게 항복을 하는데, 어떤 부분은 항복을 안 하는 것입니다.

(2) 성령충만의 본질
그러면 성령충만의 본질은 무엇입니까?

첫째, 우리는 절대로 성령충만해야 합니다. 성령충만하라고 명령하셨기 때문입니다. 예수 믿는 사람 가운데 어느 누구도 성령에 충만하지 않아도 된다고 하는 것은 있을 수 없습니다. 예수 믿는 사람은 누구를 막론하고 성령충만한 것이 원칙입니다. 성령충만은 평범한 경험이지 특수한 경험이 아닙니다. 누구든지 예수 믿는 사람은 성령님의 지배를 받으면서 사는 것이, 정상적인 기독교인의 삶입니다.

둘째, 성령충만에 대한 책임은 우리에게 있습니다. 성령충만하라는 것은 명령입니다. 게다가 2인칭 복수 현재형의 명령입니다. 어느 한 사람도 예외가 없습니다. 그래서 우리에게 충만하라는 명령에 복종하라는 것입니다. 책임이 우리에게 있습니다. 그리고 현재형이어서 그 상태가 계속하거나 반복해야 합니다. 순간순간마다 충만해야 하는 것입니다. 이것이 헬라어의 의미입니다. 특히 헬라어의 현재형은 계속되고 반복되는 것입니다.

'성령님이여, 내 마음을 다시 주관해 주시고, 내 입술과 내 행동을 다시 주관해 주시고, 통치해 주옵소서.' 다시금 충만케 해달라고 기도하면 그 순간부터 성령님이 나를 다시 컨트롤해 주십니다. 그렇기 때문에 성령충만한 것은 오늘도, 내일도 지속적으로 반복할 수가 있는 것입니다.

(3) 성령충만의 조건

그러면 어떤 조건이 있어야 됩니까?

먼저, 우리 자신이 원해야 됩니다. 요한복음 7장 37~39절은 "누구든지 목마른 자는 다 내게로 와서 마시라"고 하고 있습니다. 목마른 자는 마시고 싶어 해야지, 내가 성령님의 지배를 완전히 받으면서 살고 싶지 않으면 할 수 없습니다. 그러나 원하는 사람은 성령님의 지도와 통제를 받으면서 살 수 있습니다.

둘째, 자기 자신을 바쳐야 됩니다. 로마서 12장 1~2절은 "우리 몸을 하나님이 기뻐하시는 거룩한 산 제사로 드리라"고 말씀하고 있습니다. '성령께서 나를 완전히 주관해서 앞으로 내 생각하는 것이나, 먹는 것, 마시는 것 모두를 성령께서 전부 다주관해 주옵소서. 내가 여기 있나이다. 나를 지배해 주옵소서.' 자신을 하나님께 바쳐야 됩니다.

세째는, 성령님에게 완전히 의지해서 살아야 합니다. 갈라디아서 5장 16절에 보면, "성령 안에 거하라" 하셨습니다. 영어로 보면 "Walk in the Spirit."입니다. 성령 안에서 한 발자국씩 걸으라는 것입니다. 순간순간마다 성령님께 의존해서 그분의 은총을 입어서 하라는 것입니다. 그러니까 성령에 충만하라고 할 때, 에베소서에서 말하는 것은 한 번에 충만하라는 것이 아닙니다. 인생을 사는데 발자국마다 성령 안에서 걸으라는 것입니다. 생각하고, 말하고, 결정하고, 이사 가는 것, 무엇을 해도 성령님 뜻 안에서 무시로 기도하고 성령님과 교제하면서 살아가는 것입니다.

(4) 성령충만의 결과

그러면 성령 충만의 결과가 무엇인가? 성령 충만의 결과에는 여섯 가지가 있습니다.

첫째는, 하나님의 영광을 위해서 말을 합니다. 에베소서 5장 19절에 보면 "시와 찬미와 신령한 노래로 서로 화답한다"고 했습니다. 한국어로는 '화답한다'고 했는데, 영어로는 'speak' 말하는 것입니다. 하나님의 말씀으로 말하는 것입니다. 입으로 하나님에 대해서, 예수에 대한 얘기가 나오는 것입니다. 하나님에 대해서 말하고 싶어지는 것입니다.

그것을 다르게 번역한 것을 보면 'communicate'라고 번역했습니다. 믿는 사람끼리나, 안 믿는 사람 만나면 하나님에 대해서 얘기하려고 하는 것입니다. 성령이 충만한 사람은 그 입에서 하나님의 이야기가 나옵니다.

둘째는, 하나님께 진심으로 찬양합니다. "찬양하며"라는 구절처럼 그 마음 속에서 찬양이 나와 하나님을 찬양하는 것입니다. 찬양이야말로 성령충만한 사람의 결과입니다.

세째는, 자기 환경 속에서 만족합니다. 20절에서 "감사하며"라고 했습니다. 성령충만하게 되면 모든 일에 감사하는 삶을 살게 되는 것입니다. 범사는 자기 삶 전체를 말합니다. 자기 생김생김이나 자기의 환경이나, 여건이나, 직장, 가족, 두뇌, 기술 모든 것에 감사해야 합니다. 불평과 짜증이 나고, 화가 나면 성령이 충만한 것이 아닙니다.

네째로, 서로 복종합니다. 사람과 사람 사이에 서로 양보하고, 돕고, 위하는 성공적인 대인관계가 벌어집니다. 여기에는 여섯 가지 관계가 나타납니다. 에베소서 5장 18절에서 21절에 보면 처음에 "아내들이여"라며 자기 남편과의 관계에 대해서 순종하라고 하십니다. 그 다음에는 남편들에게 사랑하라고 권면합니다. 그것이 성령충만한 사람들의 특징입니다. 성령충만한 남편은 자기 아내를 사랑하나 안하나 거기서 나타납니다. 자기 아내를 사랑하면 성령충만한 남편이고, 자기 남편에게 순복하면 성령충만한 아내입니다.

또 성령충만한 자식은 부모에게 순복하고 부모를 공경합니다. 교회에 가서 '할렐루야!' 한다고 충만한 것이 아닙니다. 그것은 성령충만하지 않아도 다 할 수 있습니다. 집에서 자기 부모를 귀하게 여기고, 공경하고, 사랑하나 안하나 이것을 보면 그 자식이 성령충만한가 안 한가를 알 수가 있는 것입니다. 자기 부모를 무시하고 교회에 와서는 아무리 손을 흔들며 찬양해도 성령충만하다고 할 수 없습니다.

또 성령충만한 아버지는 자식을 분노하게 하지 않습니다. 아버지라는 것 하나 때문에 자식이 말도 못하게 하고, 자식을 꽉꽉 내리누르지 않습니다. 성령충만하면 부모가 자식을 불필요하게 속상하게 만들지 않습니다.

에베소서 6장 5절에 "너희 종들아"라고 불렀습니다. 직장 생활을 이야기하는 것입니다. 직장에 일하는 사람들은 그 주인의 눈을 보고 일하지 않고, 하나님 앞에서 일하는 것처럼 일합니다. 예수 믿는 사람은 절대로 게으름을 부리지 않습니다. 그런 사람은 성령충만한 사람이 아닙니다. 주인이 문제가 아니라 우리에겐 하나님이 주인입니다. 그러니까 자기 맡은 일에 충성하는 것은 성령충만의 결과입니다.

주인에 대해서도 말씀했습니다. "상전들아" 사장들 보고, 네 위에도 주인이 있는 줄로 알아라는 것입니다. 네가 어떻게 직원들을 다스리는지 하나님이 위에서 보고 언젠가 내가 너한테 갚아준다는 말입니다. 그래서 하나님께 하듯 하라는 것입니다. 그래서 사람들을 어떻게 다스리나에서도 성령충만의 특징들 나타납니다.

다섯째로, 성령충만해지면 특별한 자질이 생깁니다. 담대함이 생기고 (행 4 : 8, 31), 기도와 말씀을 좋아하고(행 6 : 3~4), 지혜가 생기고 (행 6 : 10), 또 예수님을 볼 수도 있습니다(행 7 : 55). 스데반의 예입니다.

또 즉시로 예수를 전합니다(행 9 : 17). 착한 사람이 됩니다(행 11 : 24). 기쁨이 충만합니다(행 13 : 52). 성령충만한 사람들의 모습입니다.

사람이 늘 찡그리고 있으면 성령충만하다고 하기 곤란합니다. 성령충만한 사람은 기도하고, 말씀 보고, 늘 기쁨이 있고, 착하고, 예수 이야기 하고, 담대하고, 지혜가 있습니다. 이런 것들은 성령을 의지하고 성령께서 나를 다스리실 때 그렇게 됩니다. 그러나 벌써 마음 속에 두려움이 있고, 예수에 대해서 한 마디도 안 하고, 세상 얘기나 하고, 찡그리고, 기쁨이 없으면 성령충만하지 않은 상태라는 것을 알수가 있습니다.

여섯째로, 성령충만의 결과로는 아홉 가지 열매가 나타납니다(갈 5 : 22~23). 사랑과 기쁨과 평화의 열매가 나타납니다. 하나님의 관계 때문에 그렇습니다. 인내와 부드러움과 착함이 이웃과의 관계에서 나타납니다. 믿음과 온유와 절제가 자기 자신과의 관계 속에서 나타납니다.

어느 집사님이 저에게 와서, "목사님 저는요, 제 성격대로 할 말은 하고 삽니다"라고 한 적이 있습니다. 그것은 성령충만한 것이 아닙니다. 성령충만한 사람은 할 말도 안 할 수 있는 능력이 있습니다. 절제할 줄 알기 때문입니다. 성령충만한 사람은 자기 기분이나, 멋대로 살지 않습니다. 성령충만한대로 사는 사람들은 언제나 통제가 있습니다. 성령님께 의지해서하지 함부로 살지 않습니다. 성령충만한 사람보면 그 사람의 삶이 규모가 있어서 조심스럽습니다. 성령님께 통제를 받으려고 하는 노력이 보입니다. 할말 안할말 다 통제해서 합니다.

성령충만한 사람은 성령이 나의 삶 구석구석 지배하는 사람입니다. 우리는 주변에서 삶이 변화된 사람이나, 변화되고 있는 사람들을 많이 볼 수 있습니다. 얼마전에도 제가 교인들에게 어떤 사람에 대해서 들은 적이있습니다. 저희 교인이 아닌 그 사람은 10년 전에 만났던 사람인데, 교인들이 "아, 그 사람 참 많이 변했다"고 하길래 그래서 제가 "좋게 변했던가요, 나쁘게 변했던가요?" 하니까 좋게 변했다고 했습니다. 그러면서 덧붙이는 말이 사람이 그렇게 변할 수가 없다고 칭찬이 자자했습니다. 성령충만해 지니까 절제가 생기고, 그 사람을 몰라보게 변화시켰다는 것입니다.

여섯째, 성령님은 은사를 주십니다(고전 12:4~11).

성령님은 우리에게 영적인 은사를 주십니다. 고린도전서 12장 4절부터 11절 말씀에서 예수 믿는 사람 각자에게 성령께서 주권적으로 원하시는 성령의 은사를 이미 주셨다고 말씀하고 있습니다. 그래서 우리 안에 성령의 은사가 있는데, 그것이 무엇인지를 찾아서 개발해서 사용할 때, 내가 이 땅에 태어난 본래의 목적을 이루게 된다고 했습니다.

우리들이 구원받았을 때, 성령님께서 우리 안에 넣어주신 성령의 은사가 반드시 있습니다. 어느 은사가 나의 것인가가 문제지 은사가 하나도 없는 사람은 하나도 없습니다.

그렇기 때문에, 여러분이 자신의 은사에 대해서 공부를 해보십시오. 또 성령의 여러 은사들 가운데 내 은사가 아닌가 하는 것이 발견되면 실험을 해 보십시오. 그 은사를 사용할 때, 자기 스스로 느낄 수 있을 것입니다. 뿐만 아니라 다른 사람들이 볼 때, "당신 그것 참 잘한다" 혹은 "당신에게 그것이 참 잘 맞는다" 하는 평을 받게 될 것입니다. 성령님을 의존해서 그 은사를 개발하면, 여러분이 왜 이 땅에 태어났는지, 하나님께서 왜 나를 구원의 은총을 주셔서 이렇게 변화시켜 주셨는지 그 목적과 이유를 알게 해 주십니다.

어느날 수요예배를 마치고나니까 어느 분이 저한테 이야기를 했습니다. "목사님, 제가 제 동네에서 아홉명을 모아서 성경 공부를 가르치는데, 거기에는 국민학교 1학년짜리도 들어있습니다. 그런데 그 아이가 어른보다 더 기도를 잘 하고, 더 성경공부를 잘 합니다"고 했습니다.

이 분의 말은 무엇을 뜻합니까? 그분은 드디어 자기의 가르치는 은사를 발견한 것입니다. 그 동네에 아홉명을 모아서 성경공부를 하는데 심지어 국민학교 1학년까지 참석을 한답니다. 그리고 숙제도 다 해옵니다. 그런데 어떤 분들이 제게 '아이들까지도 그렇게 성경공부를 가르쳐도 되냐'고 걱정스런 눈초리로 물었습니다. 제가 분명히 아는 것은 어린아이들도 영적인 진리를 깨닫는다는 것입니다. 어떤 부모들은 저에게 "아, 그 아이들이 무얼 압니까? 이 다음에 커야 알지요"라고들 하시는데, 그렇지 않습니다. 아이들을 절대로 무시할 것이 못됩니다. 아이들도 영이 있기 때문에, 또 복음이라는 것은 아이들 수준에서 얼마든지 이해될 수 있는 것입니다. 그렇기 때문에 아이들도 공부시킬 수 있습니다.

그래서 이분은 성경을 가르치는 은사를 발견해서 "지금 아홉 명이 공부를 끝내면 수료증을 줄 때, 목사님, 1학년 아이도 수료증을 줄 수 있습니까?" 물었습니다. 그래서 "그렇구 말구요. 1학년도 줄 수 있지요"라고 대답해주었습니다. 이분은 성경을 가르치는 특별한 은사를 발견했기 때문에 그 동네아이들 아홉 명을 데리고 시작을 한 것입니다. 시작을 하니까 효과가 있었습니다.

가르치는 은사에도 종류가 있습니다. 어떤 사람은 수만 명 앞에서 가르쳐도 아주 편안한 사람이 있고, 어떤 사람은 수만 명 앞에 내세우면 얼어버리는 사람이 있을 수 있습니다. 어떤 사람은 아이들에게 적합한 사람, 고등학생에게 적합한 사람이 있고, 여자에게, 남자에게, 노동자에게 각각 적합한 사람들이 있습니다. 하나님께서 각 사람에게 주신 각자마다 가르치는 은사의 스타일이 다릅니다. 소그룹의 은사가 있는 사람, 대그룹의 은사가 있는 사람, 아니면 대학에 은사가 있는 사람… 스타일이 다릅니다. 그래서 실험을 해봐야 알 수 있습니다. 그래서 여러분들에게 은사를 각자에게 주셨다는 사실을 이해하시고, 여러분들 각자의 은사를 발견하시기 바랍니다.

일곱째, 성령님은 우리를 인도해 주십니다(롬 8:14).

로마서 8장 14절은 "무릇 하나님의 영으로 인도함을 받는 그들은 곧 하나님의 아들이라"고 말씀하고 있습니다. 하나님의 자녀는 하나님의 성령이 우리 안에 임재해 계시기 때문에, 그분을 의존하면 그분이 여러분을 인도해 주신다는 말입니다. 그것이 성령의 사역을 이해하는 사람의 특징입니다.

믿지 않는 사람은 자기가 자기의 노력과 수단과 자기의 능력으로 삶을 살아가려고 노력합니다. 그러나 성령의 임재하심을 알고, 성령께서 인도하시는 것을 아는 사람은 사사건건 성령님을 의존해서 그 분이 나를 인도해 주시도록 부탁하고, 의존하면서 하루하루 살기 때문에 이런 사람들의 가슴에 평화가 있는 것입니다.

성령의 열매가 무엇입니까? 사랑과 기쁨과 평화입니다. 이것이 예수 믿는 사람들의 특징입니다. 성령님을 의존해서 순간순간마다 사는 사람들의 삶은 이와같은 특징이 있어서 얼굴이 훤하려고 하지 않아도 훤하지 않을 도리가 없습니다. 인생이란 그 자체가 얼마나 힘이 드는 것입니까? 그런데 이런 힘든 인생을 자기만의 노력으로 살려고 하니까 힘든 것입니다. 그러나 성령님을 의존하면 성령께서 우리의 인생을 인도해 주십니다.

여덟째, 성령님은 우리를 가르쳐 주십니다(요일 2 : 20, 27).

그뿐 아니라 성령님은 우리를 가르쳐 주십니다. 요한일서 2장 20절과 27절에 보면 "그의 기름 부음이 모든 것을 너희에게 가르친다"고 하고 있습니다. 이 책의 제1장에 나온 성령의 상징을 살펴보면, 기름은 성령을 상징합니다. 그래서 이 구절은 '성령이 너희를 가르쳐준다'로 바꿀 수 있습니다.

"성령님이여! 내 눈을 뜨게 해 주시사 말씀을 조명해 주십시오." 기도하면 성령님은 가르쳐 주십니다. 영적인 진리는 머리가 좋아서 깨닫는 것만은 아닙니다. 머리가 좋은 사람이 빨리 깨달을 수 있겠지만, 머리가 좋지 않아도 얼마든지 깨달을 수 있는 것이 영적인 진리입니다. 옛날의 우리 할머니, 할아버지들이 우리보다 더 많이 공부를 한 것이 아닙니다.

그리고 그분들 보고 영적인 것을 설명하라고 하면 또 설명을 잘 못합니다. 우리보다 교육도 많이 받지 않았습니다. 그런데 가만히 말하는 것이나 행동하는 것을 보면 영적인 진리를 얼마나 깊이 알고 있는지, 놀랄 지경입니다.

제가 흑인 학생들에게 물어봤습니다. 미국에는 흑인이 많으니까 일반적으로 흑인들은 교육수준이 낮습니다. 흑인들은 대학교를 별로 안 가려고 하고, 공부를 별로 안 하려고 합니다. 다 그런 것은 아니지만 대개 그렇습니다. 그러므로 옛날 흑인 할머니들은 제대로 교육받지 못했고 인간적으로 볼 때 그렇게 신통하지 않다고 생각할 지 모릅니다. 그런데 제가 흑인 교회에 갔었는데, 그 흑인 할머니들이 사회적으로 가난하고, 교육도 받지 못했는데, 그분들과 가만 얘기하면서 보면 그분들이 영적인 진리를 얼마나 정확히 이해하고 있는지 놀랍습니다.

그런 것을 보면 참 하나님의 진리는 머리로 이해하는 것이 아니라 가슴으로 이해하는 것이라는 것을 새삼스럽게 생각하게 됩니다. 제가 누차 하는 얘기입니다만, 머리하고 가슴하고 사이는 거리가 얼마나 됩니까? 한 20~30cm라고 합시다. 어떤 것을 제대로 알려면 우리는 머리에서 20~30cm 아래로 내려와야 아는 것입니다. 20~30cm 위에만 있어 가지고는 자칫 잘못하면 남을 정죄하는 도구가 되고, 남을 무시하는 도구가 되고, 남을 비판하는 도구가 될지언정 참으로 진리를 깨닫는 도구는 되지 않습니다. 진리를 깨닫는 것은 우리의 머리 속이 아니라 가슴 속에 계신 성령님께서 도와주십니다.

아홉째, **성령님은 우리를 거룩하게 하십니다(벧전 1 : 2 ; 살전 2 : 13).**

우리를 거룩하게 하는 것은 우리를 변화시켜서 예수를 닮게 만들어주시는 작업입니다. 베드로전서 1장 2절에 "성령의 거룩하게 하시는 역사로 예수에게 순종하게 한다"고 했습니다.

어떻게 우리가 예수님께 순종합니까? 순종하는 것은 성령께서 우리를 거룩하게 만들어 주셔서, 변화시켜 주셔서, 예수를 닮게 해주시기 때문입니다.

데살로니가후서 2장 12절에는 "성령의 성화로 구원받았다"고 되어 있습니다. 성령의 거룩하게 하심으로 구원받았다는 말이 거기 기록되어 있습니다. 구원과 믿음은 성령께서 우리를 거룩하게 하심으로 이루어지는 것입니다.

열번째, 성령님은 증거해 주십니다(롬 8:15 ; 요일 5:7).

로마서 8장 15절, 16절에 보면 "양자의 영을 받아서"라고 성령을 양자의 영이라고 했습니다. 우리는 양자의 영을 받아 하나님의 자녀가 됩니다. 성령이 우리의 영으로 더불어 우리가 하나님의 자녀임을 증거해 주십니다.

우리가 하나님의 자녀라는 것을 어떻게 알 수 있습니까? 예수를 영접하는 그 순간에 우리가 구원받고 예수님이 우리 가슴 속에 임재하시는 동시에 성령께서 우리 가슴에 임재하심으로 알 수 있습니다. 그래서 우리 마음 속에 계시는 성령님께서 우리에게 "너는 하나님의 자녀라"고 하십니다.

그래서 이런 것을 보고 주관적 확신(subjective assurance)이라고 합니다. 내 마음 속에서 내가 하나님의 자녀라고 하는 확신이 그 속에서 솟아나는 것입니다. 그것을 보고서 주관적 확신 혹은 내적 확신(inner assurance)이라고 합니다.

내적인 확신, 주관적인 확신은 어디서 생기는 것입니까? 내 마음 속에 있는 성령께서 내 영에게 일러주는 것입니다. 그래서 가슴 속에서 울려 나오는 확신이 내적인 확신이요, 주관적인 확신인 것입니다. 주관적인 확신과 비교해서 또 객관적인 확신이 있습니다. 내적인 확신과 비교해서 외적인 확신이 있습니다.

　객관적인 확신, 외적인 확신이란 무엇입니까? 그것은 하나님의 말씀입니다. 내가 믿든지 안 믿든지 확실한 것은 하나님의 말씀입니다. 왜냐하면 "누구든지 저를 믿는 자는 영생을 얻으리라"고 말씀했기 때문입니다. "영접하는 자, 그의 이름을 믿는 자들에게는 하나님의 자녀가 되는 권세를 주셨으니." 믿는 우리에게 하나님의 자녀가 되는 특권을 주셨습니다.

　그러니까 우리들이 "나는 예수를 믿지만 하나님의 자녀라는 자신이 없습니다"라고 아무리 확신이 없다고 해도 하나님의 말씀에 확증이 있는 것입니다. '거짓말하려고 그런 것은 아니지만 이거 거짓말했으니 구원이 없어진 것은 아닌가?' 이렇게 우리의 마음 속에서 왔다갔다 의심이 나도 믿은 것은 믿은 것입니다. **예수님을 영접했으면 예수님께서 우리의 가슴 속에 임재해 있는 것이요, 성령님이 임재하신 것이요, 성령님이 인치신 것이요, 성령님이 보호하시는 것이요, 성령님이 같이하시는 것입니다.** 우리가 왔다갔다 한다고 구원이 왔다갔다 하는 것인가? 하나님의 자녀가 됐다 안됐다 하는가? 그렇지 않습니다. 이것이 객관적인 확신입니다.

　"그 아들을 믿는 자들에게는 생명이 있고 하나님의 아들이 없는 자들에게는 생명이 없느니라"(요일 5 : 12). 이것은 객관적인 것입니다. "그 아들을 믿는 자들에게는 영생이 있고." "내 말을 듣고 또 나 보내신 자를 믿는 자는 영생을 얻었고 심판에 이르지 아니하나니 사망에서 생명으로 옮겼느니라"(요 5 : 24). 이것은 객관적인 확신입니다. 예수를 영접하기만 하면 구원은 이미 결정이 난 것입니다. 객관적으로 하나님 쪽에서 이미 결정된 것입니다. 단지 내 가슴 속에 주관적인 확신이 없을 뿐입니다. 내가 아직 그 성경을 배우지 못해 성경을 깨닫지 못한 것뿐입니다.

　진리를 깨닫지 못했다고 구원이 없습니까? 아닙니다. **구원은 하나님의 은혜로 인하여 믿음으로 말미암아 값없이 주시는 그리스도 안에 있는**

구속으로 의롭게 되는 것입니다. 그런데 이것을 모르는 사람이 있는 것은 아직도 주관적인 확신이 없다는 것입니다. 주관적인 확신은 말씀을 깨달음으로, 말씀을 배움으로, 하나님의 말씀을 믿음으로 생기는 것입니다. 그 때 내 가슴 속에서, "야, 너는 이미 하나님의 아들이야, 너는 하나님의 딸이야, 너는 영원한 나의 자녀야" 하는 것으로 성령께서 말씀해 주심으로 우리 속에는 주관적인 확신, 내적인 확신이 생깁니다. 성령께서 증거해 주심으로 생기는 것입니다.

저는 "내가 완전한 사람이다, 성숙한 사람이다"라고는 말하지 못합니다. 그러나 그 말은 제가 못하지만 "나는 하나님의 영원한 아들이다"라는 말 한 마디는 자신있게 할 수 있습니다. 성경에 보니까 그렇게 돼 있고, 내 가슴 속에 성령께서 나에게 증거해 주십니다. 요한일서 5장 7절에도 "증거하는 이는 성령이시니라"고 말씀하고 있습니다.

열한번째, 성령님은 대신 간구해 주십니다(롬 8 : 26).

성령님은 또한 우리를 대신해 간구해 주십니다. 이런 것을 보고 중보해 준다고 합니다. "성령께서 말할 수 없는 탄식으로 우리를 위하여" 우리를 대신하여 간구해 주십니다. 성령께서 친히 나 대신에 하나님께 간구해 주십니다. 어떤 때는 내가 빌 바를 몰라서, 어떻게 기도할 줄을 몰라서 쩔쩔 매고, 말도 안 나오고, 생각도 안 나고 그럴 때도 성령께서 대신 기도해 주시는 것입니다.

열두번째, 성령님은 열매를 맺게 하십니다(갈 5 : 22).

성령님은 우리로 하여금 열매를 맺게 해주십니다. 삶이 맺는 성령의 열매입니다. 갈라디아 5장 22절에 성령의 열매는 몇 가지라고 말씀하고 있습니까?
사랑, 기쁨, 평화, 인내, 부드러움, 착함, 믿음, 온유, 절제. 이게 다 성령의 열매입니다. 사람들이 제일 원하는 것이 여기 다 들어가 있습니다.

우리들이 사랑으로 가득차서 언제나 남에게 사랑을 주는 사람이면 얼마나 좋겠습니까? 또 늘 봐도 즐겁게 살고 기쁨이 넘치는 사람이면 얼마나 좋겠습니까? 믿는 사람에겐 잔잔한 평화가 늘 있습니다. 아주 억센 사람이었다가 예수 믿고 나서 인내있고 점점 부드러워지는 것 이것도 성령의 열매입니다.

또 어떤 사람들은 전혀 악의가 없이 선한 사람들이 있습니다. 그 속이 투명하게 보이는 사람들입니다. 나다나엘을 보고 예수님이 "저 사람 속에는 악의가 없다"고 그랬습니다. 선함이 그 사람 속에 있는 것입니다.

성령의 열매인 믿음은 구원의 믿음을 말하는 것이 아닙니다. 정확히 말하면 'faithfull' 신실하다는 말입니다. 산을 옮길 만한 믿음을 말하는 것이 아니고, 성실하다, 충성되다, 신실하다는 뜻입니다. 이것은 특히 우리 믿는 사람에게 대단히 중요합니다. 왜냐? 신실함이 없으면 사람을 믿을 수가 없기 때문입니다. 특별히 목회는 신실하지 않으면 아무짝에도 쓸모가 없습니다.

신학교에서 여러해 동안 학생들을 가르치다 보면 어떤 학생들은 참 신실하지가 않습니다. 과제 해오라고 해도 안 해오고, 또 그 뿐아니라 시험을 안 치고도 안 찾아옵니다. 그래서 제가 메모를 해서 "시험 안 봤는데, 빨리 와서 어떻게 할 것인가 말하라"고 해도 안 옵니다. 또 메모를 해도 또 안 옵니다. 그래서 F학점을 주면 그 때에야 찾아옵니다. 왜 F학점을 주냐는 말입니다. 그래서 "자네는 목사될 자격이 없어"라고 말해주었습니다. 목사는 무엇보다도, 조그만 일에도 신실해서 우리 교인들이 우리를 전적으로 신뢰할 수 있어야 됩니다.

얼마전에도 학기말 시험을 쳤는데 그런 일이 있었습니다. 시험은 쳤는데 논문을 안낸 학생이 있었습니다. 논문을 안 냈으면 F가 나오는 것은 뻔한 것입니다. 그래서 F가 나왔습니다. F가 나왔으면 빨리 찾아서 논문을 내겠다고 해야 될 것인데, 여름 석달동안 안 찾아오고, 개학하고 한

달 동안 지나고 난 뒤 찾아와서 이 F학점 때문에 자기가 졸업을 못한다고 했습니다. 그래서 "자네, 논문 가져왔나?"했더니 안 가져왔답니다. 석달 반이 지난 지금에 와서, 논문이라도 가지고 와서 좀 봐달라고 해야 할텐데, 논문도 안 가지고 왔습니다. 그래서 제가 학점을 줄 수 없다고 몇 번을 거절했습니다. 그랬더니 무슨 국장, 원장을 통해서 계속 전화를 걸어왔습니다. 학점 하나 때문에 1년을 학교 더 다녀야 된다고 합니다. 그래서 제가 1년을 더 다니라고 했습니다. "목사될 사람이 이래가지고 이 다음에 목사되면 얼마나 많은 사람이 고생하겠느냐?" 그랬더니 27살 난 남학생이 울고 야단이 났습니다. 그러니까 그 다음에는 "김 박사님이 너무한다"고 사방에서 또 야단이었습니다. "그래도 안된다. 내가 1년 동안 학비를 대주겠다. 학비 대는 것은 내가 할 수 있다. 그러나 1년 더 학교 공부하고 충성스러운 것을 배워야 목사가 될 수 있는 것이지 안 그러면 안 된다"고 했습니다. 그래서 결국 1년 더 공부하게 되었습니다.

특히 믿는 사람에게 신실함은 더욱 중요합니다. 성령께서 우리에게 열매를 맺게 해주셨는데, 충성스럽지 않던 사람들이 예수 믿게 되면 충성스럽게 되어야 합니다. 그게 믿음이라는 것입니다.
온유는 부드러운 것입니다. 부드러우면 약한 줄로 생각하는데 그렇지 않습니다. 온유는 강한 사람이 부드러운 것을 보고서 온유라고 하는 것입니다. 아무도 감당할 사람이 없을만큼 강력한 사람인데, 그 강한 것을 숨겨놓고 부드러워지는 모습을 보고 그것을 온유라고 그러는 것입니다. 또 절제라는 것은 우리의 성격 하나하나를 잘 통제하는 것입니다.

열매라고 할 때는 성령의 열매만 얘기하는 것이 아니고, 두 가지의 열매가 더 있습니다. 우리의 성품(character), 우리의 인품도 열매라고 합니다. 마지막으로는 우리 때문에 구원받는 사람, 우리가 전도해서 구원 받는 사람들도 열매라고 합니다. 사도 바울이 로마에 있는 교회를 보고, "내가 이방인 사회에 열매를 맺은 것처럼 너희 가운데도 열매를 맺게 하려 함이니라" 했을 때 열매는 믿는 사람을 말합니다.

열세번째, 성령님은 우리의 몸을 부활로 변화시킵니다(롬 8:11).

성령님은 부활로 몸을 변화시켜 주십니다. 우리가 이 다음에 죽었다가 다시금 부활할 때 그것도 누가 하시냐? 성령께서 하십니다. "예수를 죽은 자 가운데서 살리신 영이 너희를 죽은 자 가운데서 살리리라"고 로마서 8장 11절에서 말씀했습니다. 예수님을 살리신 분이 성령님이요, 나사로를 살려내는 그 능력도 성령의 능력입니다. 또 우리가 죽었다가 부활하는 것도 성령님의 능력입니다.

열네번째, 성령님은 우리에게 힘을 주십니다(눅 24:49; 행 1:8).

누가복음 24장 49절에 보면 "내 아버지의 약속하신 것(보혜사 성령)을 너희에게 보내리니 너희는 위로부터 능력을 힘입어"라고 기록하고 있습니다. "능력을 힘입는다"는 것은 영어로 empower, 힘이 생긴다는 뜻입니다. 영적인 힘, 때로는 육적인 힘이 우리 속에서 생길 수 있는데, 그것이 바로 성령께서 하시는 일입니다.

사도행전 1장 8절에서도 "성령이 임하시면 너희가 권능을 받는다"고 했습니다. 그래서 담대한 마음과 힘이 생긴다고 했습니다. 또 에베소서 3장 20절에도 말하기를 "우리 속에서 역사하시는 그 능력", 성령을 우리 안에서 역사하시는 능력이라고 말하고 있습니다.

그래서 우리 믿는 사람들은 성령이 내 안에 임재해 계시다는 사실을 이해하고 깨닫게 되면, 내가 앞으로 어떤 형편에서 무엇을 하든지, 하나님께서 나에게 힘을 주시는 영적인 자원이 우리 속에 있다는 것을 알고 안심하는 것입니다. 자기 자신을 생각할 때는 불안합니다. 그러나 내 안에 있는 성령님의 능력을 생각하면, 불안하지 않습니다. 그래서 우리들이 차분하게 살 수 있고, 우리 예수님께서도 풍랑 속에서 주무실 수 있었습니다.

열다섯째, 성령님은 우리를 견제해 주십니다(행 16:6~7; 창 20:6).

성령님은 우리를 견제(control)해 주십니다. 예를 들어서, 사도행전 16장 6~7절에서 이제 사도 바울이 아시아에서 복음을 전하려고 하는데, 아시아에서 복음을 전하려고 하는 것을 성령께서 금하셨습니다. 아시아 쪽으로 가지 말라고 견제하시고는 마케도니아로 가라고 하셨습니다.

성령님은 어떤 때는 강권적으로 우리의 방향을 돌립니다. 제가 한국에 귀국할 때 그런 경험을 했었는데, 마지막 가서는 도저히 못 견뎠습니다. 눈이 안 보이고, 귀가 안 들리고, 목소리도 안 나왔습니다. 그래서 기도도 못드리고, 찬송하려고 하면 소리도 안 나오고, 기운이 하나도 없었습니다. 그리고 살결이 막 바늘로 찌르는 것 같이 그렇게 아팠습니다. 제가 한국에 안 나오겠다는 말을 한 번도 안했습니다. 그런데 일년 동안 그러는데, 마지막에 가서는 도저히 견딜 수가 없어서, 제가 고함을 지르면서 부르짖었습니다.

"하나님이여, 이제는 저한테 알려만 주십시오. 그것이 한국인지, 미국인지. 제가 나머지 생애를 어디서 일하기를 원하시는지 알려만 주십시오. 이제는 도저히 못 참겠으니까 말씀해 주십시오." 그랬더니 KOREA라는 글자가 영어로 조그만 글자가 나오더니 점점 커져서 제 눈앞에 떡 버티고 서는 것이었습니다.

그때 영국에 있었는데, 저는 짐을 싸가지고 미국으로 돌아왔습니다. 미국으로 돌아와서 결국 제 아내에게 말하고, 교회에 말하고, 신학교에 말했는데 아무도 찬성하지 않았습니다. 한 명도 제가 한국 가는 것에 대해서 찬성하는 사람이 없었습니다. 그러나 저로서는 어쩔 수가 없었습니다. 도저히 그 이상 더 견딜 수가 없었습니다. 저는 미국에 오래 있었기 때문에 미국이 훨씬 편안하고 좋았지만, 하나님께서는 저를 묶어서 강권적으로 견제하셨습니다. 그렇게 강권적으로 하나님의 움직임이 우리 삶 속에 나타날 때는 순종하는 것 외에 다른 도리가 없습니다.

열여섯째, 성령님은 우리가 예수님을 닮게 하십니다(고후 3:18; 4:19).

성령님께서는 우리를 변화시켜서 예수님을 닮게 해 주십니다. 그 역사는 고린도후서 3장 18절에 "저와 같은 형상으로 변하여 영광에서 영광으로 이르게" 하신다는 주님의 영으로 말미암은 것입니다. 주님의 영이 우리를 변화시켜서 예수 그리스도와 똑같은 형상으로 변화시켜 주십니다. 변화시켜 주시는데 그 모습은 처음 예수 믿었을 때와 비교하면 영광스러운 모습입니다. 그런데 그 모습에서 또 계속 성령님께 의존하고 계속 성령님이 우리를 변화시키면, 영광스러운 모습에서 그 윗단계의 영광스러운 모습으로, 더 영광스러운 모습으로 변화시켜서 마지막 가서는 예수님의 모습과 똑같이 우리를 만들어 주십니다. 우리가 영화롭게 되는 순간입니다.

갈라디아서 4장 19절에도 "그리스도의 형상이 이루어지기까지 내가 너희 속에서 수고한다"고 했습니다. 성령께서 우리를 그리스도의 모습 닮게 하신다는 것입니다. 그래서 믿는 사람을 만나면, 한 번도 만난 적이 없는데도, 한 10분만 얘기하면 전에부터 알던 사람 같습니다. 자기 누이 같고, 자기 동생 같고, 자기 형 같습니다.

요전에도 제가 전주에 가 봤는데, 태어나서 호남 지방에 처음 가보는 길이었습니다. 한 번도 못 가봐서 오래 전부터 한 번 가보고 싶었습니다. 왜냐하면 제 본이 전라북도 부안인데 가본 적이 없어서 제가 평생 너무너무 가보고 싶었었는데, 드디어 이제야 제 뿌리에 가보았습니다.

그래서 전주대학도 갔고, 전주공전도 가 보고, 학교도 몇 군데 가보고, 전주 서문교회라는 곳도 갔었습니다. 호남지방은 처음 갔는데도 전주에 가서 믿는 사람을 만나니까 옛날부터 알던 사람 같았습니다. 저하고 생각하는 것도 비슷하고, 원하는 것도, 느끼는 것도, 좋아하는 것도, 안 좋아하는 것도, 처음 만난 사람들이 그렇게 비슷했습니다. 왜 그럴까요? 그분들은 그분들대로 전주에서 예수를 닮아갔고 저는 저대로 미국에서 예수를 만나 예수를 닮아갔습니다. 모두가 다 예수를 만났기 때문에 그렇게 기분과 가치관과 생활 방법이 너무도 흡사한 것이었습니다. 그것이 바로 예수 그리스도를 닮은 것입니다. 누가 그렇게 만들었는가? 바로 성령님이십니다.

비기독교인과 관련된 성령의 사역

믿는 사람에게 성령님께서 하시는 일이 열여섯 가지였습니다. 거듭나게 하시고, 인을치시고, 내주하시고, 세례를 주시고, 채워주시고, 은사를 주시고, 인도하시고, 가르치시고, 거룩하게 하시고, 증거하시고, 대신 간구하시고, 열매를 맺게 하시고, 부활로 몸을 변화시키시고, 힘주시고, 견제하시고, 예수를 닮게 하십니다.

우리가 마음 속에 영위히 모시고 사는 성령이 이런 역사를 하십니다. 그러니까 이 성령께서 내 안에서 어떤 역사를 하시는지 우리들이 깨닫기만 하면 우리는 더이상 우리 자신을 의존하고 살고 싶지가 않게 됩니다. 예수를 믿기 전에는 얼마나 내가 나자신만을 믿고 삽니까? 그러나 내 안에 성령님께서 계셔서 열여섯 가지의 방법으로 역사하고 계시는 것을 알게 될 때 내가 무엇 때문에 옛날처럼 살고 싶겠냐는 말입니다.

제일 멋있게 사는 방법은, 성령님을 의존하면서 사는 방법입니다. 이것을 깨닫고 나면 "주여, 제가 성령님을 의존하여 살게 하여 주옵소서." 이런 기도가 안 나올 수가 없습니다. 이것을 알고도 자기 재주대로, 자기 능력대로, 자기의 지혜대로 살려고 하는 사람이 어디 있겠습니다. 우리 안에서 역사하시는 이와 같은 역사가 있는 것입니다. 참 하나님께 감사를 드립니다.

그러면 이제부터 믿지 않는 사람들과 관련한 성령의 사역에 대해 살펴보도록 하겠습니다.

첫째, 불신의 죄를 책망하십니다(요 16:8~9).

성령님은 불신의 죄를 책망하십니다. 믿지 않는 것에 대하여 심판을 경고하십니다. 요한복음 16장 8~9절 말씀입니다.

"그가 와서 죄에 대하여, 의에 대하여, 심판에 대하여 세상을 책망하시리라 죄에 대하여라 함은 저희가 나를 믿지 아니함이요."

둘째, 불의를 책망하십니다(요 16:10).

악한 것들에 대하여 성령님은 간과하지 않고 그 불의함을 책망하십니다. 여기서 불의라고 하는 것은 세상이 참 의이신 예수님을 의로 여기지 않고 오히려 핍박한 것을 말합니다. 요한복음 16장 10절 말씀입니다.

"의에 대하여라 함은 내가 아버지께로 가니 너희가 다시 나를 보지 못함이요."

셋째, 심판의 확실성을 알려주십니다(요 16:11).

성령님은 마지막에 심판이 있다는 것을 믿지 않는 사람들을 향하여 강렬하게 선포하시고 당신의 종들을 통하여, 말씀을 통하여, 또 세상의 진리를 통하여 말씀해 주십니다. 16장 11절 말씀입니다.

"심판에 대하여라 함은 이 세상 임금이 심판을 받았음이라."

예수님께서 이천년 전 이땅에 오셔서 우리를 위하여 십자가에 돌아가심으로 구원의 길을 열어놓았습니다. 그래서 이제는 누구든 예수를 믿기만 하면 구원을 받습니다. 그런데도 세상에는 끝까지 예수님을 부인하고 구원을 거부하는 사람들이 있습니다.

성령님은 이 사람들에 대하여 불신의 죄를 책망하십니다. 예수 안에 있는 구원의 길을 버리고 제 갈길로 가는 불의함과, 그들에게 닥칠 심판의 확실함을 선포하십니다.

믿지 않는 사람들에게 구원의 복음을 전하고 그들을 위해 기도할 책임이 우리에게 있습니다. 우리가 성령님께 구하면 성령님은 언제든지 우리에게 복음전도의 담대함과 지혜를 주십니다. 믿지 않는 이들을 위해서 성령님의 능력을 구하는 성도들을 성령님은 기뻐하십니다. 믿지 않는 사람들은 성령님께서 우리 손에 맡기신 사람들인 것입니다.

제 10 장

성령님께 범할 수 있는 죄

성령님은 인격적인 분이십니다. 그렇기 때문에 우리는 성령님과의 교제를 통하여 기쁨과 평강을 얻을 수도 있고 성령님 또한 우리와의 교제를 통하여 기쁨과 영광을 받으십니다. 마찬가지로 우리가 성령님께 범할 수 있는 죄들도 있습니다. 인격적인 분인 성령님을 근심하게 하거나 슬프게 하는 일, 그리고 성령을 거역하는 일들이 있을 수 있습니다.

먼저, 신자들이 범할 수 있는 죄를 살펴보고 곧 이어서 비신자들이 범할 수 있는 죄를 살펴보도록 하겠습니다.

신자들이 범할 수 있는 죄

첫째, 성령을 소멸하는 죄입니다(살전 5 : 19 ; 행 18 : 25 ; 롬 12 : 11).

신자들이 범할 수 있는 죄의 첫번째가 성령을 소멸케 하는 죄입니다. 소멸한다고 할 때의 '消'자는 사라진다는 뜻이고, '滅'은 없앤다는 뜻입니다. 성령님의 역사가 우리 가슴 속에 불길처럼 일어나는데 그것을 없애버리는 것입니다.

사도행전 18장 25절에는 아볼로에 대한 이야기가 기록되어 있습니다.

아볼로는 성경에 나타난 사람 가운데 성경을 제일 많이 아는 사람인 것 같습니다. 율법학자요, 성경을 잘 가르치는 분이요, 성경 교수였습니다. 이분은 영적으로 성령 안에서 열정이 있었습니다. 이때의 열정이라는 단어가 성령의 열기라는 뜻입니다. 소멸하는 죄란 내 안에서 움직이는 성령의 열기를 꺼버리는 것입니다.

로마서 12장 1절에서도 "주님을 섬기는 데 있어서 너희가 성령으로 열심을 내라"고 합니다. 주님을 섬길 때 성령 안에서 열심이 있어야 되고, 또 아볼로처럼 말씀을 가르칠 때나, 말씀을 선포할 때, 성령 안에서 열심이 있어야 합니다. 그런데, 우리는 그 성령을 소멸할 수가 있습니다. 성령님은 우리를 충동하시고, 우리 속에서 역사하셔서 우리의 삶이 열심이 있기를 원하시는데 말입니다.

그런데 그 성령의 열심을 우리가 꺼버릴 수도 있습니다. 우리가 범죄하면 그렇게 됩니다. 성령님이 우리의 삶의 주관자이신데, 성령님을 의지하지 아니하고, 우리 마음대로 살고, 또 우리 속에 악독과 분노와 질시와 이런 것들이 우리 속에 들어가면 그 불이 꺼집니다. 죄가 들어가면 성령의 불이 꺼지는 것입니다. 그래서 우리 믿는 사람들은 순간순간 하나님 앞에 죄를 자복해야 합니다. 죄를 회개하지 않고 오래 두면 성령이 소멸되고 맙니다.

어느 분과 제가 대화를 하는데, 주일 예배를 몇 달 빠졌다고 합니다. 처음엔 몸이 아파서 빠지기 시작했는데 한참 빠지니까 양심에 별로 아무렇지도 않았습니다. 교회의 중요한 직분인 사람인데도 불구하고 말입니다. 처음에 빠질 때는 '아, 내가 교회를 빠졌다'고 안타까워했답니다. 두번째 빠지니까 '아, 내가 건강해서 교회에 가야 하겠는데' 생각했습니다. 세번째 빠지니까 '교회 가야 돼는데…', 네번째 빠지니까 '교회 가도 괜찮고 안 가도 괜찮고…' 하다가 두세 달 빠지니까, 이젠 건강한데도 교회에 빠져도 아무렇지도 않고 괜찮더랍니다.

그래서 제가 찾아가서 말했습니다. "안 낫는 병 같으면, 결국은 우리가 죽을는지 모르는데, 죽을 바에는 교회 다니다 죽는 게 낫지 않습니까? 집에 드러누워 있어도 죽는 것이고, 예배 참석해도 죽는 것인데 말입니다." 그런데 이분은 걸어다닐 수 있는 병이었습니다. 매일 직장에는 나갈 수 있는 병인데, 교회만 오려고 하면 더 아픈 병이었습니다.

그래서 제가 말했습니다. "당신이 교회에서 이마저마한 사람인데 '당신이 아파서 집에서 시들시들하다가 직장에만 가끔 왔다갔다하고 죽었다', 그렇게 했을 때의 간증과, '저 사람이 몸이 아파서 직장생활도 제대로 못하는데, 저 사람이 죽는 그 순간 마지막 주일까지 예배를 드리고 집에 가서 죽었다' 이렇게 했을 때, 그 신앙 간증의 차이가 어떨 것 같습니까? 어차피 잘 안 낫는 병이라서 죽으려면 교회 와서 죽읍시다." 그래서 성령께서 충동을 하고 열심을 내게 하려고 했습니다. 그런데도 그분은 이런저런 핑계로 그 열기를 제거해 버리는 것이었습니다. 마지막엔 싸늘해져 가지고 주일날 빠져도 아무렇지도 않게 되었습니다. 그분은 스스로 성령을 소멸하고 만 것이었습니다.

성령님은 말씀을 통해서 도전을 하십니다. "열정을 내라. 성령을 소멸하지 말라!" 우리는 말씀에 귀를 기울이고, 성령님께 민감해져서 성령의 열기가 나올 때에 금방 순종하고 성령님의 인도하심에 따라나가야 됩니다.

둘째, 성령을 슬프게 하는 죄입니다(엡 4:30).

이것은 성령을 섭섭하게 하는 죄입니다. 성령을 근심하게 하는 죄입니다. "하나님의 성령을 근심하게 하지 말라 그 안에서 너희가 구속의 날까지 인치심을 받았느니라." 에베소서 4장 30절 말씀은 우리의 구원에 대한 인치심이 되는 성령님을 근심하게 하지 말라고 신자들이 범할 수 있는 죄에 대해서 경고하고 있습니다.

세째, 성령에게 거짓말하는 죄입니다(행 5:3~4).

이것은 누구의 예입니까? 아나니아와 삽비라의 경우입니다. 거짓말은 성령께서 다 아십니다. 단지 문제는 우리가 우리의 죄를 인정하나 안하나입니다. 성령님이 우리의 죄를 모르기 때문에 우리에게 죄를 고백하라고 하는 것이 아닙니다. 성령님은 다 아십니다. 그러나 우리에게 평안을 주기 위해서 그것을 다 고백하라는 것입니다. 우리가 회개하기를 바라시는 것입니다. 그래서 거짓말하지 말라는 것입니다.

비신자들이 범할 수 있는 죄

첫째, 성령을 거역하는 죄입니다(행 7:51).

비신자들이 범할 수 있는 첫번째 죄는 성령을 거역하는 것입니다. 사도행전 7장 51절은 스데반의 이야기인데, 스데반은 마지막 죽기 전에 유대 사람에게 설교를 하면서, "너희 조상들이 성령을 거역한 것처럼 너희도 성령을 거역하는구나" 하고 유대사람들의 죄를 지적했습니다.

성령께서 스데반을 통해서 부활하신 예수님을 증거하고 그들을 구원하기 위해서 그렇게 노력하시는데 유대 사람들은 거절하고 말았습니다. 요한계시록에 보면, 마지막 시대에 가서 한참 이땅에 진노가 쏟아 붓게 될 때, 안 믿는 사람들이 죽지 않게 믿는 사람들이 그렇게 고생을 하는데도, 끝까지 안 믿는 사람들은 하나님을 훼방한다고 했습니다. 그렇게 고생하면서 끝까지 버티면서 항거하는 것입니다. 이것이 믿지 않는 사람들이 범할 수 있는 첫번째 죄입니다.

둘째, 성령을 모욕하는 죄입니다(히 10:29).

"하나님 아들을 밟고 자기를 거룩하게 한 언약의 피를 부정한 것으로 여기고 은혜의 성령을 욕되게 하는" 죄에 대해 히브리서 10장 29절 말씀은 엄중한 목소리로 경고하고 있습니다. 하나님의 아들을 발로 밟고, 언약의 피를 부인함으로써 성령을 모욕했다는 것입니다.

성령께서는 하나님의 아들 예수 그리스도가 구주라고 분명히 증거하셨습니다. 하나님의 아들 예수의 피가 우리 인간을 위하여 흘린 마지막 피라는 것을 얘기를 해 주는데도 그것을 부정하는 것입니다. 그것이 바로 하나님의 아들을 발로 밟는 것이나 마찬가지요, 성령을 모욕하는 죄입니다.

세째, 성령을 훼방하는 죄입니다(마 12 : 24, 31, 32 ; 눅 11 : 15 ; 12 : 10).

성령을 훼방하는 죄는 예수 믿는 사람이 절대로 범할 수 없습니다. 이것은 믿지 않는 사람이 범하는 죄이지 믿는 사람이 범할 수 있는 죄가 아닙니다. 그러나 여기에 대해서 많은 오해가 있을 수 있고, 저도 그런 질문을 많이 받았습니다. 혹시 자기가 성령을 훼방하는 죄를 범해서 용서받지 못하지 않는가 하는 걱정을 하는 사람들이 많이 있습니다. 그러나 예수를 믿어서 이미 구원받은 사람은 성령 훼방 죄를 범할 수가 없습니다. 이것은 믿지 않는 사람이 범하는 죄이지 믿는 사람이 범하는 죄가 아닙니다.

예수님께서 귀신을 쫓아내시자 바리새인들은 마귀가 귀신을 쫓아냈다고 말했습니다. 바리새인들은 예수님을 사단의 도구라고, 또 예수님이 하시는 일을 마귀의 일이라고 도전을 했습니다. 예수님의 사역이 분명히 하나님의 역사인 것을 알 수 있음에도 불구하고, 이렇게 말함으로써 그들 가운데서 성령이 증거해 주시는 사역을 고의적으로, 가장 결정적인 방법으로 성령의 조명을 거부해서 성령이 깨우쳐 주시는 것을 거부한 것입니다. 이것이 성령을 훼방하는 죄입니다.

성령의 증거하시는 사역은 하나님께서 특별한 방법으로 강퍅해진 영혼을 예수께로 인도하시려는 노력입니다. 성경에서 기적이 일어날 때에는 두 가지 뜻이 있습니다. 엘리야의 얘기를 보면, 첫째는 기적을 행하는 그 사람이 하나님의 사람이라는 것을 증명하는 것입니다. 둘째는 그분의 메시지가 하나님의 메시지라는 것을 확증해 주는 것입니다.

물론 그 결과로 인해서 그 사람이 병이 낫기도 하고, 죽은 사람이 살아나기도 하고, 무화과나무가 말라버리기도 하고, 홍해가 갈라지기도 하고, 여러 가지 기적적인 사건이 일어나기도 합니다. 예수님께서 기적을 베푸셨다는 것은 성령의 증거하심입니다. 성령께서 '이분이 바로 그리스도요, 살아계신 하나님의 아들'이라는 것을 증거해주는 것입니다. 이래서 사람들로 하여금 예수께로 이끌려고 하는 것입니다. 그런데, 이 성령의 증거하시는 사역을 마귀의 것이라고 하니까, 어떻게 사람들이 주님께로 올 수가 있습니까? 분명히 알면서도 고의적으로 성령의 역사하심을 거부할 때 용서는 불가능합니다. 성령께서 증거하시는데, 그 증거를 빤히 알면서도 아니다, 싫다고 거부하는 것입니다. 성령의 설득을 거부함으로써 바리새인들은 용서받을 수 없는 죄를 범하는 것입니다.

성령 훼방 죄는 성령께서 부르시며 사람을 그리스도게로 이끌어 주시는 분명한 일을 거부하고 부인하고 고의적으로 반대하는 것입니다. 이것을 보고 성령 훼방 죄라고 합니다.

하나님께서는 구원받은 사람이 범하는 죄는 어떤 죄든지 용서해 주실 수 있고, 또 용서해 준다고 약속하셨습니다. 그래서 요한일서 1장 7절 9절 사이에도, "너희가 범죄하지 않는다고 그러면 거짓말장이다"라고 했습니다. "너희 속에 진리가 없으니까 죄가 없다고 한다"는 것입니다. 진리가 있는 사람은 자기가 범죄한다는 것을 인정합니다. "나는 범죄하지 않는다. 나는 죄가 없다." 이렇게 말하는 사람은 그 자신이 거짓말장이요, 하나님을 거짓말장이로 만드는 것입니다. 인간은 범죄하는 존재이기 때문입니다.

그래서 "너희가 범죄하면 죄를 고백하라. 고백하면 저는 미쁘시고 의로우사 너희 죄를 사하시고 너희를 모든 불의에서 깨끗케 해주신다"고 어떤 죄도 용서해 주신다는 것을 성경은 분명히 말하고 있습니다(요일 1 : 9). 그 조건은 회개와 죄의 고백과 죄를 버리는 것입니다.

그리스도 밖에 있는 사람이 범하는 죄는 그가 완전히 전적으로 타락해 있기 때문에 용서해 줄 수 없고 용서해 주지 않으십니다. **그리스도 안에 들어온 사람은 과거의 어떤 죄를 범했어도 그리스도 안에 들어와 있기 때문에 용서받을 수가 있습니다.** 그리스도의 피가 그 죄를 덮어버렸기 때문입니다. 몇십년 전에 아주 극악한 죄를 범했어도 그 죄를 용서해 줄 수가 있습니다. 그러나 예수 그리스도 안에 들어오지 않은 사람은 용서할 수가 없습니다. 예수의 피의 영역에 들어오지 않았으니까 용서할 수가 없고, 용서하지도 않습니다.

성령 훼방 죄는 구원받게 하기 위해서 예수께 오라고 죄를 깨닫게 하시는 성령의 증거하시는 사역을 결사적으로 거부하는 것입니다. 즉 이것은 지옥가겠다고 결심하는 것입니다. 자기가 자기 자신을 정죄하는 것입니다. 참으로 거듭난 사람은 이미 그리스도 안에 들어와 있기 때문에 성령 훼방 죄를 범할 수가 없습니다.

오늘의 시대는 그리스도께서 십자가에 못박혀 피 흘리시고 돌아가셨다가 사흘만에 부활한 다음, 하늘에 오르셔서 하나님 우편에 앉아계신 시대입니다. 그것은 구원을 위한 그리스도의 사역이 완성된 시대라는 것입니다. 지금 시대는 지옥가기 어려운 시대입니다. **구원은 하나님의 은혜요, 하나님의 선물이기 때문에 믿는 자에게는 값없이 그저 주어지고 있습니다.**

최근에 돌아가신 분들 가운데서 우리 교우들이 전도훈련을 받고 가서 전도하자 돌아가시기 얼마 전에 그렇게 버티던 사람들이 결국은 하나님께로 돌아오는 일이 있었습니다. 제가 최근에 편지를 받았는데, 어떤 분이 저의 확신시리즈 테이프를 듣고서는 이제 마음에 확신이 생겨서 자기 친척들에게 복음을 전하는데, 많은 사람이 그 확신시리즈 때문에 구원을 받게 되었다는 내용이었습니다.

그래서 그분들이 열심히 교회 나오고 있는데, 그분들 중에 한 분이 자기 시아버지가 고치기 어려운 병에 걸려서 참 열심히 기도를 했습니다. 열심히 기도하고 복음을 전하는데도 시아버지가 안 받아들였답니다. 그래서 확신시리즈 테이프를 갖다 드렸더니 다 듣고서는 드디어 예수 믿겠다고 하셨답니다. 자기가 지난 번 마지막으로 복음을 전하니까, 말도 못하던 시아버지께서 "예수! 나 예수 믿겠다." 그러더랍니다. 그래서 자기는 이것이 기적이라고 생각한답니다. 자기 시아버지는 말을 못하시는데 "예수 믿겠다"는 말을 한 것입니다. 그렇게 열심히 기도하고 복음을 전하는데도 버티다가 마지막에 확신시리즈를 통해서 예수 믿는 이런 역사가 나타났다고 말씀하십니다.

이 일은 무엇을 말하는 것입니까? 하나님께서는 성령을 통해서 이제 돌아가시게 된 그 사람도 마지막까지 며느리를 통해서 끝까지 붙들려고 애를 쓰셨습니다. 시아버지는 지금까지 버텼는데, 마지막 순간에 와서 딱 한 마디 "예수 믿겠다"고 그러고서는 그 다음부터 다시 말을 못하시는 겁니다. 그래서 이 며느리가 이런 기적이 나타났다고 하는 장문의 편지를 저에게 보냈습니다.

이렇게 성령님은 아들을 통해서, 형제를 통해서, 며느리를 통해서 끝까지 그리스도께로 이끌려고 애를 쓰셨습니다. 그러나 만약 마지막에 시아버지께서 끝까지 싫다고 했더라도 그것은 하나님이 그분을 멸망하게 한 것이 아닙니다.

예수님은 이미 영생을 성취시켜 놓았습니다. 이젠 아무도 멸망할 필요가 없고 멸망할 이유가 없습니다. 이제는 누구든지 성령님께서 그렇게 이끌어 주시는데 끝까지 거부하면 도리가 없습니다. 그리스도 밖에 있기로 끝까지 거부하면 그건 그 사람의 죄때문입니다.

　여기에 우리가 전하는 복음의 중요성이 있습니다. 예수님께서 이미 이루어 놓으신 구원의 복음을 전할 의무가 우리에게 있습니다. 우리가 전하면 그의 마음을 열고 믿게 하는 일은 전적으로 성령께서 하십니다. 언제든지 어디서든지 누구에게든지 성령의 능력을 힘입어 복음을 전하는 성도 여러분이 되시기를 간절히 바랍니다.

　이제 우리는 성령을 모시고 성령의 인도하심 속에 살고 있습니다. 그러므로 날마다 성령충만한 삶이 순간순간 우리를 주관하시고, 신앙적인 인격의 변화와 함께 성령의 열매가 풍성히 맺히도록 노력해야 합니다.

　여러분으로 인해서 믿는 사람들의 열매가 많이 나타나도록 하나님께서 우리 모두를 축복해 주시기 간절히 기도합니다.

성령님 사랑해요

1993년 7월 15일 초판 발행
2005년 3월 20일 초판 8쇄 발행

지은이 • 김상복
발행인 • 김수곤
발행처 • 선교햇불
등록일 • 1999년 9월 21일 제54호
등록주소 • 서울시 송파구 삼전동 103번지
전　화 • (02)2203-2739
팩　스 • (02)2203-2738
이메일 • ceo@com2u.com
홈페이지 • www.ccm2u.com

ISBN 89-89615-11-9 03230

총　판 • 선교햇불

ⓒ 김상복　　　　　　　　　값 5,500원
※이 출판물은 저작권법의 보호를 받으므로 무단 복제를 할 수 없습니다.